21世纪中等职业教育特色精品课程规划教材

汽车安全舒适系统原理与维修 （修订版）

QICHE ANQUAN SHUSHI XITONG YUANLI YU WEIXIU

主 编：卢希国
参 编：宋 智　于海东　蔡永红　陈 波
　　　　蔡志乾　徐银泉　张 玲　邓冬梅
　　　　李丽娟　钟利兰

北京理工大学出版社
BEIJING INSTITUTE OF TECHNOLOGY PRESS

内容简介

本书从舒适与安全系统的结构和工作原理等方面分别介绍巡航控制系统、汽车制动控制系统、汽车转向控制系统、电子悬架、汽车安全气囊、中控门锁与防盗系统、汽车视听与通信系统、汽车车载网络系统等课题。每个课题包括：学习任务、技能要求、课题小结、思考与练习、知识链接等内容。

本教材适合高等院校汽车各专业的教师、学生使用，也可作为汽车售后服务站专业技术人员的培训教材。

版权专有　侵权必究

图书在版编目（CIP）数据

汽车安全舒适系统原理与维修 / 卢希国主编． —北京：北京理工大学出版社，2019.7 重印

ISBN 978-7-5640-4363-6

Ⅰ．①汽… Ⅱ．①卢… Ⅲ．①汽车–安全装置–维修 Ⅳ．① U472.41

中国版本图书馆 CIP 数据核字（2011）第 044065 号

出版发行 /	北京理工大学出版社有限责任公司
社　　址 /	北京市海淀区中关村南大街 5 号
邮　　编 /	100081
电　　话 /	（010）68914775（总编室）
	（010）82562903（教材售后服务热线）
	（010）68948351（其他图书服务热线）
网　　址 /	http://www.bitpress.com.cn
经　　销 /	全国各地新华书店
印　　刷 /	北京信彩瑞禾印刷厂
开　　本 /	710 毫米 × 1000 毫米　1/16
印　　张 /	12.5
字　　数 /	213 千字
版　　次 /	2019 年 7 月第 1 版第 8 次印刷
定　　价 /	34.00 元

责任校对 / 周瑞红

责任印制 / 边心超

图书出现印装质量问题，请拨打售后服务热线，本社负责调换

出版说明

近年来，随着我国汽车行业的不断发展，汽车保有量呈现出迅猛增加的趋势，汽车维修、售后服务以及汽车销售人才所存在的缺口问题也越发明显。特别是建立在先进传感技术基础上的故障诊断系统在各种汽车上大量应用之后，各种现代化检测诊断仪器和维修技术也应运而生，现代汽车已发展成为机电一体化的高科技载体。这给汽车维修业带来了极大的机遇和挑战，同时也对汽车维修人员的技术水平提出了更高、更新的要求。

为适应企业和市场对人才需求的变化，满足社会对技能型人才的需求，北京理工大学出版社特邀请一批知名行业专家、学者以及一线教学名师，规划出版了本套"21世纪中等职业教育特色精品课程规划教材"。

作者在编写之际，广泛考察了各校学生的学习实际，本着"实用、适用、先进"的编写原则和"通俗、精炼、可操作"的编写风格，着力培养能直接从事实际工作、解决具体问题、维持有序工作的应用型人才。

本系列教材坚持如下定位：

* 以就业为导向，培养学生的实际运用能力，以达到学以致用的目的；
* 以科学性、实用性、通用性为原则，以使教材符合汽车类课程体系设置；
* 以提高学生综合素质为基础，充分考虑对学生个人能力的提高；
* 以内容为核心，注重形式的灵活性，以便学生易于接受。

本系列教材配有大量的插图、表格和大量的图片资料，介绍了大量的故障诊断、维修服务和营销案例。

■ 在内容上强调面向应用、任务驱动、精选案例、严把质量；

■ 在风格上力求文字简练、脉络清晰、图表明快、版式新颖；

■ 在理论阐释上，遵循"必需"、"够用"的原则，在保证知识体系相对完整的同时，做到知识讲解实用、简洁和生动。

本系列教材适合中等职业院校汽车类相关专业的课程教学用书，也可作为相关行业从业人员的培训和参考用书。

前　言

随着汽车工业的高速发展，现代汽车越来越向着舒适、安全、环保、节能的方向发展，舒适与安全系统装备已成为汽车标准配置。汽车舒适与安全系统是汽车车身电气系统的一部分，它是集网络传输、控制于一身的电气系统。为使学生能够熟练地掌握现代汽车舒适与安全系统装备的检测维修方法，我们编写了此书。

本书共分为8个课题。课题一为巡航控制系统，主要介绍了巡航系统的设定、结构与维修；课题二为汽车制动控制系统，详细地介绍了ABS、ASR、ESP系统的基础理论知识和基本结构原理及维修技能；课题三为汽车转向控制系统，介绍了EPS与4WS的结构原理；课题四为电子悬架，主要介绍电子悬架的分类、组成、控制与检修等内容；课题五为汽车安全气囊，介绍了安全气囊结构与原理及检修等内容；课题六为中控门锁与防盗系统，主要介绍中控门锁与防盗系统的组成、工作原理及检修等内容；课题七为汽车视听与通信系统，介绍了视听系统、汽车导航、车用电话、倒车雷达报警系统的组成；课题八为汽车车载网络系统，介绍了CAN、LIN、MOST等车载网络系统的基础知识、结构原理、故障诊断与维修技巧。

本书的编写结构根据学生的认知规律，由简单到复杂来安排全书的项目。按照学习任务、技能要求、课题小结、思考与练习的思路进行编排。各项目内容相对独立，且涉及的知识比较先进、针对性强。课题后还附有一定数量的思考与练习，可以帮助学生进一步巩固基础知识；根据需要还附有知识链接，供学生掌握学习新知识。

本教材主要突出实图实例及原理、检测、维修与理论相结合，适用于各中职学校汽车类专业的教学用书，也可作为从事汽车技术、管理及维修人员的参考用书。

由于编者水平有限，书中疏漏在所难免，恳请读者予以批评指正。

目 录

课题一　巡航控制系统 ………………………… 1

任务一　巡航控制系统组成与原理 ……………… 1
一、操作开关 ……………………………… 2
二、传感器 ………………………………… 5
三、巡航控制ECU ………………………… 6
四、执行器 ………………………………… 7

任务二　巡航控制系统诊断与检修 …………… 12
一、巡航控制系统自诊断 ………………… 12
二、巡航控制系统的故障检修 …………… 14
课题小结 …………………………………… 17
思考与练习 ………………………………… 17
知识链接——主动巡航系统 ……………… 18

课题二　汽车制动控制系统 …………………… 20

任务一　汽车防抱死制动系统 ………………… 20
一、汽车ABS的分类 ……………………… 20
二、汽车ABS的结构与工作原理 ………… 24

任务二　驱动防滑系统 ………………………… 39
一、ASR的组成 …………………………… 39
二、ASR控制方式 ………………………… 45
三、ASR工作过程 ………………………… 47
四、ASR工作原理 ………………………… 48

任务三　电子稳定控制系统 …………………… 51
一、ESP的作用 …………………………… 51
二、ESP的组成 …………………………… 53
三、ESP的工作原理 ……………………… 57

任务四　电子制动力分配系统 ………………… 59
一、EBD的构成与功能 …………………… 59
二、EBD的工作原理 ……………………… 60
三、EBD的故障检修 ……………………… 61
课题小结 …………………………………… 62
思考与练习 ………………………………… 62

课题三　汽车转向控制系统 …………………… 63

任务一　电子控制式电动助力转向系统 ……… 63
一、电子控制式电动助力转向系统分类 … 63
二、电子控制式电动助力转向系统组成 … 65
三、电子控制式电动助力转向系统的优点 … 69
四、电子控制式电动助力转向系统故障案例 … 70

任务二　四轮转向 ……………………………… 72
一、四轮转向系统用途 …………………… 72
二、四轮转向系统分类 …………………… 72
三、四轮转向系统组成结构 ……………… 77
课题小结 …………………………………… 81
思考与练习 ………………………………… 81

电子悬架
> 课题四　　　　　　　　　　　82

> 任务　电子控制悬架…………82

一、电子控制悬架的分类………82
二、电子控制悬架的组成………87
三、电子控制悬架的控制………93
四、电子控制悬架的检修………96
课题小结………………………99
思考与练习……………………99
知识链接………………………100

汽车安全气囊
> 课题五　　　　　　　　　　　103

> 任务一　汽车安全气囊概述……103

一、安全气囊的作用……………103
二、安全气囊的分类……………104

> 任务二　安全气囊组成与原理…106

一、碰撞传感器…………………106
二、气囊组件……………………110
三、ECU…………………………116
四、SRS控制原理………………118

> 任务三　安全气囊故障检修……120

课题小结………………………124
思考与练习……………………124

中控门锁与防盗系统
> 课题六　　　　　　　　　　　125

> 任务一　汽车中控门锁…………125

一、汽车中控门锁的分类………125
二、汽车中控门锁的功能………126
三、汽车中控门锁的组成………127

四、汽车遥控中控门锁的组成……132

> 任务二　汽车防盗系统…………134

一、汽车防盗系统的分类………134
二、汽车防盗系统的组成………136
三、汽车防盗系统工作原理……138
四、汽车防盗系统的检修………143
课题小结………………………146
思考与练习……………………146

汽车视听与通信系统
> 课题七　　　　　　　　　　　147

> 任务一　汽车视听系统…………147

一、汽车视听系统的组成………147
二、汽车视听系统的辅助部件…150

> 任务二　汽车通信系统…………152

一、GPS导航系统………………152
二、车用电话……………………156
三、倒车雷达报警系统…………158
课题小结………………………160
思考与练习……………………160

汽车车载网络系统
> 课题八　　　　　　　　　　　161

> 任务一　汽车车载网络系统概述…………………………161

> 任务二　CAN数据传输系统……163

一、CAN总线……………………163
二、CAN数据传输系统的组成……163

目录

三、CAN-BUS传递数据结构……165
四、CAN数据总线优先级确认……166
五、CAN数据总线系统在车上的运用……168
六、CAN数据总线系统故障诊断……169

任务三　LIN数据传输系统……175

一、LIN数据总线系统的构成……175
二、LIN数据总线的协议……177

任务四　MOST数据传输系统……179

一、MOST数据总线系统概述……179
二、MOST数据总线系统结构原理……180
三、MOST数据总线系统的故障诊断……182

课题小结……184
思考与练习……184

思考与练习参考答案

→ 附录　185

→ 参考文献　189

课题一　巡航控制系统

○ [学习任务]

1. 学习汽车巡航控制系统的组成与特点。
2. 学习汽车巡航控制系统的工作原理。

○ [技能要求]

1. 对巡航控制系统进行设定。
2. 对巡航控制系统进行故障诊断。

任务一　巡航控制系统组成与原理

巡航控制系统（Cruise Control System，CCS）是一种利用电子控制技术保持汽车自动等速行驶的系统。当汽车在高速公路上长时间行驶时，接通巡航控制主开关，设定希望的车速，巡航控制系统将根据汽车行驶阻力的变化，自动增大或减小节气门开度，使汽车按设定的车速等速行驶。因此，它是一种可减轻驾驶员的驾驶操纵劳动强度，提高行驶舒适性的汽车自动行驶装置。巡航控制系统又称为巡航行驶装置、速度控制系统、恒速行驶系统或巡行控制系统等。

巡航控制系统由操作开关、传感器、执行器和巡航控制电子控制单元（ECU）等组成。汽车巡航控制系统框图如图1-1所示。传感器和开关将信号送入巡航控制ECU，巡航控制ECU根据这些信号计算节气门应有的开度，并给执行器发出信号，自动调节节气门开度，保持汽车按设定的车速等速行驶。巡航控制系统部件安装位置如图1-2所示。

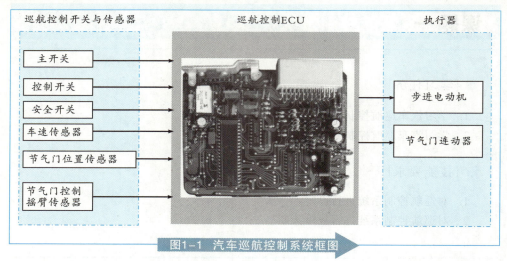

图1-1 汽车巡航控制系统框图

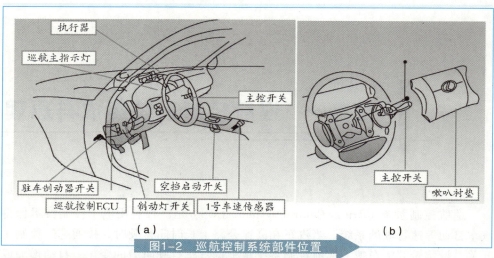

图1-2 巡航控制系统部件位置

一、操作开关

操作开关主要用于设置巡航车速或将其重新设置为另一车速,以及取消巡航控制等。主要包括主开关、控制开关和退出巡航控制开关。

⇒ 1. 主开关

主开关(MAIN)是巡航控制系统的主要电源开关,多数采用按键方式,每次将其推入,该系统的电源就接通或关闭。即使点火再次接通,主开关仍保持关闭。巡航控制开关如图1-3所示。

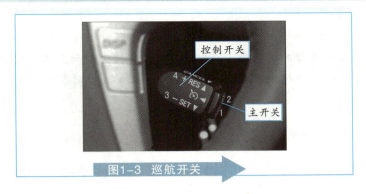

图1-3 巡航开关

2. 控制开关

控制开关安装在转向信号手柄上或转向盘上，驾驶员通过控制开关给巡航控制ECU输入巡航控制命令，主要用于选择巡航控制模式、设置或修改巡航控制车速等。

手柄式控制开关有5种控制功能：SET（设置）、COAST（减速）、RES（恢复）、ACC（加速）和CANEL（取消）。其中SET和COAST模式共用一个开关，RES和ACC模式共用另一个开关。当沿箭头方向操作开关时，开关接通；而松开时，则关断。控制开关的操作如下。

(1) 打开和关闭（"ON-OFF"）

按下可打开或关闭巡航定速的电源开关，同时在仪表的右上方就会有个绿色的"CRUISE"灯点亮。

(2) 设置（"-SET"）

在打开开关后，需要设置时将操纵杆向下沿"-SET"方向推一下，松手即可，此时可放开油门踏板。

(3) 暂时取消巡航定速（"CANCEL"）

将操纵杆向里沿"CANCEL"方向拉或者踩下刹车踏板都可以临时取消巡航，此时巡航控制系统停止工作，但原先的巡航速度由于被存储了，可以再恢复。

（4）恢复巡航定速（"+RES"）

如果巡航定速是暂时取消的，要想恢复可以将操纵杆向上朝"+RES"的方向推动即可，这时系统按照刚才设定的速度继续巡航（此时车速必须在40 km/h以上）。

（5）加速（"+RES"）

将操纵杆向上推，沿"+RES"的方向即可加速，松手时将保持此速度。

（6）减速（"-SET"）

将操纵杆向下推，沿"-SET"的方向即为减速，当减速到合适的速度时松手，即可保持当前速度继续巡航，当车速减小到40 km/h之下时巡航自动解除。

（7）紧急解除

紧急解除：踩一下刹车踏板，此时巡航控制被解除。

注意

在没有按"ON-OFF"开关时，如果仪表盘里"CRUISE"灯点亮或闪烁；或按下"ON-OFF"开关后，"CRUISE"灯不亮，说明巡航控制系统有故障。

3. 退出巡航控制开关

退出巡航控制开关包括取消开关、制动灯开关、驻车制动开关、离合器开关（手动变速器）和空挡启动开关（自动变速器）。当其中一个开关接通时，巡航控制将被自动取消。但当"CCS"取消瞬间的车速大于35 km/h时，此车速存储于巡航控制"ECU"中，当接通"RES"开关时，最后存储的车速就会自动恢复。

1）退出巡航控制开关的作用

向巡航控制ECU提供解除巡航控制的信号，以免巡航控制系统的工作与驾驶员的操作目的发生冲突，导致系统损坏或发生事故。

2)退出巡航控制开关的组成

(1)制动灯开关

制动灯由常开和常闭两个开关组成,当踏下制动踏板时,常开开关闭合,常闭开关打开,从而接通制动灯电路并将制动信号传送至巡航控制ECU,巡航控制系统停止工作。

(2)驻车制动开关

当拉起驻车制动操纵杆时,开关就接通,将取消信号传送至巡航控制ECU,同时,驻车制动指示灯亮。

(3)空挡启动开关

对于装有自动变速器的车辆,当换挡杆设置在自动变速器的P挡或N挡位时,开关即接通,将取消信号传送至巡航控制ECU。

(4)离合器开关

对于装有手动变速器的车辆,当踩下离合器踏板时,开关即接通,将取消信号传送至巡航控制ECU。

二、传感器

1. 车速传感器

车速传感器有电磁式、霍尔式、光电式等多种类型。
车速传感器信号的作用:巡航控制ECU用于巡航车速的设定及将实际车速与设定车速进行比较,以便实现等速控制。车速传感器信号可同时用于发动机控制、自动变速器控制和巡航控制等。

2. 节气门位置传感器

节气门位置传感器一般为线性输出型。
对于巡航控制系统而言,节气门位置传感器信号的作用是巡航控制ECU用于计算输出与节气门开度的关系,以确定输出量的大小。
节气门位置传感器信号可同时用于发动机控制、自动变速器控制和巡航控制等。

3. 节气门控制摇臂传感器

节气门控制摇臂传感器可对巡航控制ECU提供节气门摇臂位置信号。节气门摇臂位置传感器为电位计式，该信号的作用是巡航控制ECU根据节气门摇臂位置信号对节气门进行控制。

三、巡航控制ECU

有些汽车的巡航控制ECU是专用的，有些则与发动机控制ECU或车身控制系统ECU等合为一体。巡航控制ECU主要由稳压电源电路、数字/模拟（D/A）转换电路、存储电路、低速限制电路、高速限制电路、保护电路、加速控制电路、减速控制电路等组成。目前，巡航控制ECU一般都是采用微处理器控制，图1-4所示为美国摩托罗拉（Motorola）公司的数字式微机控制巡航控制系统。

巡航控制ECU由处理器芯片、A/D转换、D/A转换集成电路（IC）及输出重置驱动和保护电路等模块组成，巡航控制ECU接收来自车速传感器和各种开关的信号，按照存储的程序进行处理。当车速偏离设定的巡航车速时，便给执行器一个电信号，控制执行器的动作，使实际车速与设定车速相一致。

汽车在巡航控制状态时，一般当车速低于40 km/h时，巡航控制ECU将取消巡航控制，这样使汽车在制动、转弯时巡航控制不起作用。当车速超过设定车速（设定车速为68 km/h）时，巡航控制ECU将巡航控制取消；当汽车的减速度大于2 m/s时，以及汽车的制动灯开关动作等情况时，巡航控制ECU也自动取消巡航控制，以确保行车安全。

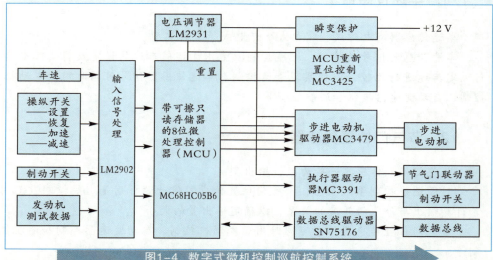

图1-4 数字式微机控制巡航控制系统

四、执行器

巡航控制系统执行器有真空驱动型和电动机驱动型两种。

1. 真空驱动型执行器

真空驱动型执行器依靠真空力驱动节气门。真空源有两种取得方式：一种是仅从发动机进气歧管取得；另一种是从发动机进气歧管和真空泵取得，如图1-5所示。当进气歧管真空度较低时，真空泵参与工作，提高真空度。

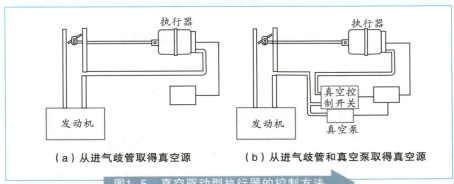

图1-5 真空驱动型执行器的控制方法

真空驱动型执行器主要由控制阀、释放阀、两个电磁线圈、膜片、回位弹簧和空气滤清器等组成。

（1）控制阀

控制阀用来控制膜片后方的真空度，以改变膜片的位置，从而控制节气门。

当巡航控制ECU给控制阀电磁线圈通电时，与大气相通的空气通道关闭，与进气歧管相通的真空通道打开，执行器内的真空度增加，膜片左移将弹簧压缩，与膜片相连的拉杆将节气门开大。

当控制阀电磁线圈断电时，与进气歧管相通的真空通道关闭，与大气相通的空气通道打开，空气进入执行器，膜片右移，节气门关小，如图1-6所示。

巡航控制ECU通过占空比信号控制电磁线圈的通电与断电，通过改变占空比控制执行器内的真空度，从而控制节气门的开度。

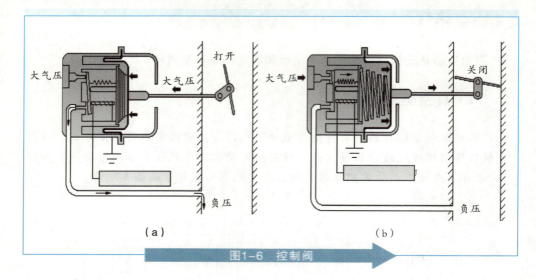

图1-6 控制阀

(2) 释放阀

释放阀的作用是取消巡航控制时,使空气迅速进入执行器,将巡航控制立即取消。巡航系统工作时,释放阀电磁线圈中有电流通过,与大气相通的空气通道关闭,由控制阀控制执行器内的真空度,从而控制节气门的开度,保持汽车等速行使。取消巡航控制时,巡航控制ECU使控制阀电磁线圈断电,控制阀与大气相通的空气通道打开,释放阀电磁线圈也断电,与大气相通的空气通道也打开,让空气迅速进入执行器,取消巡航控制。

释放阀的工作原理如图1-7所示。

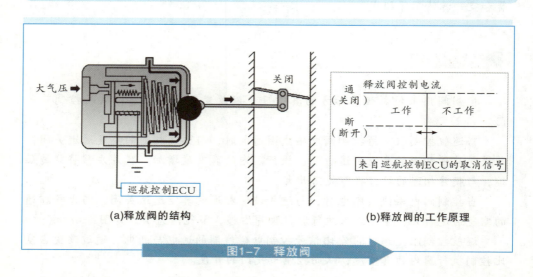

图1-7 释放阀

（3）真空泵

真空泵由电动机、连杆、膜片和3个单向阀等组成，如图1-8（a）所示。真空泵的作用是在进气歧管真空度较低时，为巡航系统执行器提供真空源。

真空泵的工作原理如图1-8（b）所示，当进气歧管真空度较高时，单向阀A被打开，由发动机进气歧管向执行器提供真空源，真空泵不工作。当进气歧管真空度较低时，真空控制开关检测到真空泵进气室的真空度变化，并将信号送至巡航控制ECU，巡航控制ECU接通真空泵电源，真空泵电动机转动，带动膜片上下运动。当膜片向下运动时，膜片上方产生真空，将单向阀B打开，为执行器提供真空源，单向阀A和单向阀C关闭。当膜片向上运动时，单向阀B关闭，单向阀C打开，将空气排入大气。

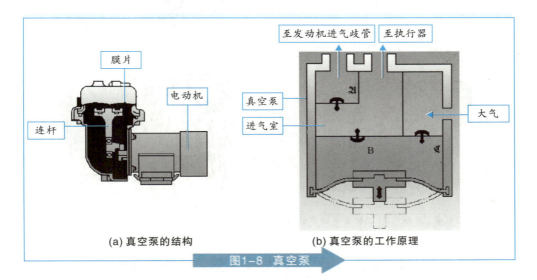

图1-8 真空泵

2. 电动机驱动型执行器

电动机驱动型执行器由电动机、传动机构、电磁离合器和电位器等组成，结构如图1-9所示。

结构原理： 巡航控制ECU控制电动机的工作，使电动机顺时针或逆时针旋转，从而改变节气门的开度。当ECU控制电动机工作时，电动机轴上的蜗杆带动电磁离合器外圆上的蜗轮旋转。

蜗轮通过电磁离合器带动小齿轮旋转，小齿轮带动主减速器齿扇转动。齿扇通过齿扇轴带动控制臂转动，控制臂上的销轴通过拉索使节气门开大或关小。

为了防止节气门完全打开或完全关闭后电动机继续转动，电动机安装了两个限位开关，用于控制电动机的转动。

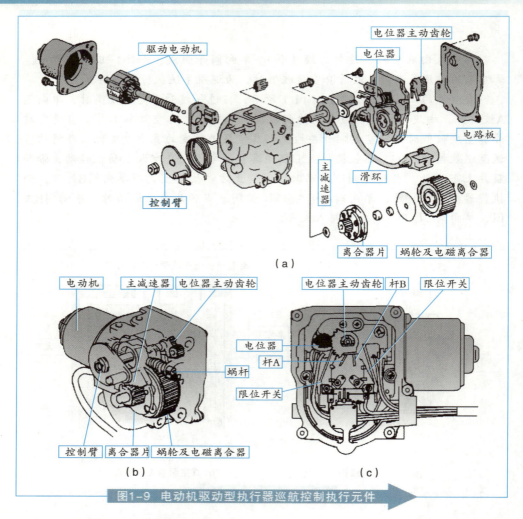

图1-9 电动机驱动型执行器巡航控制执行元件

1）电磁离合器结构及其作用

电磁离合器的结构如图1-10所示，电磁离合器用于接通或断开电动机与节气门拉索之间的联系。当巡航控制ECU给执行器发出控制信号时，电磁离合器主动件与从动盘接合；电动机通过蜗杆蜗轮传动和电磁离合器及齿轮和主减速器齿扇的啮合带动控制臂转动，通过销轴拉动拉索使节气门旋转。若取消巡航控制，则巡航控制ECU使电磁离合器断电分离，节气门不受电动机控制。

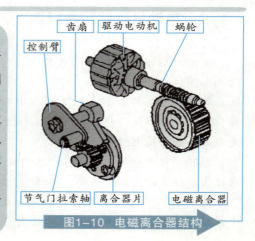

图1-10 电磁离合器结构

2）电位器及其电路

电位器结构及其电路如图1-11所示。当电动机带动主减速器齿扇转动改变节气门的开度时，主减速器齿扇轴同时带动电位器主动齿轮旋转；然后电位器主动齿轮通过从动齿轮带动电位器内的滑动臂转动，电位器就可以产生节气门控制臂位置信号。

当对巡航控制系统进行巡航车速设定时，电位器将节气门控制臂信号送至巡航控制ECU；巡航控制ECU将此数据存储于存储器内，行车中巡航控制ECU以此数据作为参照控制节气门控制臂，使实际车速与设定车速相符。

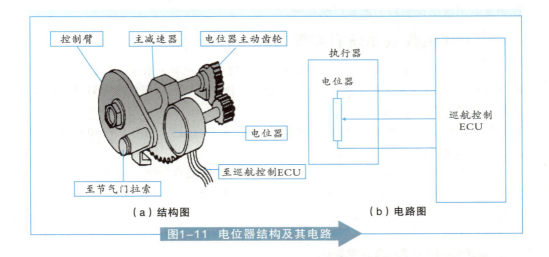

图1-11 电位器结构及其电路

任务二 巡航控制系统诊断与检修

巡航控制系统的使用包括设定巡航车速、增加或降低巡航设定车速、取消巡航控制及取消巡航控制后的恢复巡航行驶。

一、巡航控制系统自诊断

由于巡航控制系统是集成在发动机电控系统中的一个子系统,所以,其自诊断的各项功能均在发动机电控系统(地址01)中完成。下面用VAS5051自诊断仪诊断宝来轿车的巡航系统。

将VAS5051自诊断仪连接到宝来轿车的诊断插头上,打开VAS5051自诊断仪,进入01地址。

01为控制单元版本信息,装备巡航控制系统的发动机控制单元版本信息。以1.8L发动机为例,VAS5051自诊断仪信息显示如图1-12所示。

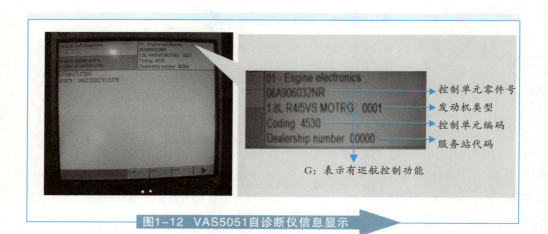

图1-12 VAS5051自诊断仪信息显示

1. 读取数据流

数据组066信息显示,如图1-13所示。

课题一　巡航控制系统　　任务二　巡航控制系统诊断与检修

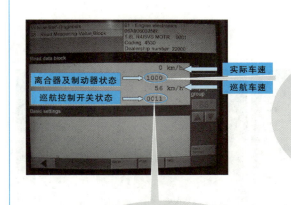

图1-13　数据组066信息显示

2. 激活或取消巡航控制系统

进入VAS5051自诊断仪界面，选择11功能。输入11463，并按"Q"键确认，可激活巡航系统功能，如图1-14所示。

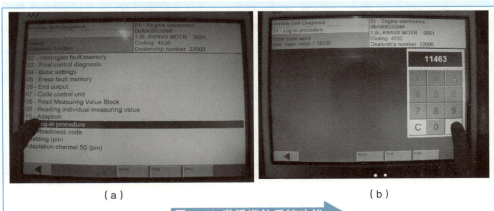

(a)　　　　　　　　　　　(b)

图1-14　激活巡航系统功能

进入VAS5051自诊断仪界面，选择11功能，输入16167，并用"Q"键确认，可取消巡航系统功能，如图1-15所示。

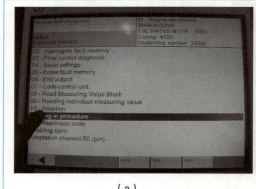
(a)

(b)

图1-15 取消巡航系统功能

二、巡航控制系统的故障检修

1. 巡航控制系统故障诊断与排除

雅阁2008年款巡航控制系统故障诊断见表1-1。

表1-1 雅阁2008年款巡航控制系统故障诊断表

故障	诊断程序	检查
无法设置巡航控制	●检查是否显示PGM-FI DTCs； ●检查发动机盖下熔断器/继电器盒中的10号（20A）熔断器和驾驶员侧仪表板下熔断器/继电器盒中的7号（15A）熔断器； ●执行巡航控制输入测试； ●执行巡航控制组合开关测试	G101搭铁不良
可以设置巡航控制，但巡航控制主指示灯没有点亮	●检查是否显示PGM-FI DTCs； ●执行仪表ECU自诊断功能程序； ●执行巡航控制输入测试	仪表ECU故障
可以设置巡航控制，但巡航控制指示灯没有点亮	●检查是否显示PGM-FI DTCs； ●执行仪表ECU自诊断功能程序； ●执行巡航控制输入测试，测试巡航控制指示器信号输入	仪表ECU故障
按下"SET/DECEL"或"RESUME/ACCEL"开关时，车辆不能相应地减速或加速	●检查是否显示PGM-FI DTCs； ●执行巡航控制输入测试，测试SET/DECELRESUME/ACCEL开关信号输入； ●执行巡航控制组合开关测试	电路断路、端子松动或断开：灰色、浅绿色或浅蓝色、灰色（左驾驶车型）、橙色（右驾驶车型）线束
踩下制动踏板时，不能取消设置车速	●检查是否显示PGM-FI DTCs； ●执行巡航控制输入测试，测试制动踏板位置开关信号输入； ●执行制动踏板位置开关测试	●橙色线束对电源短路； ●制动踏板位置开关故障

续表

故障	诊断程序	检查
当按下巡航控制主开关时，不能取消设置车速	●检查是否显示PGM-FI DTCs； ●执行巡航控制输入测试，测试巡航控制主开关信号输入； ●执行巡航控制组合开关测试	浅绿色、黄色线束对搭铁短路
当按下取消开关时，不能取消设置车速	●检查是否显示PGM-FI DTCs； ●执行巡航控制输入测试，测试取消开关信号输入； ●执行巡航控制组合开关测试	电路断路、端子松动或断开：灰色、浅绿色或浅蓝色、灰色（左驾驶车型）、橙色（右驾驶车型）线束
当按下"RESUME/ACCEL"开关时，不能恢复设置车速（在接通巡航控制主开关，并通过踩下制动踏板暂时取消设置车速的情况下）	●检查是否显示PGM-FI DTCs； ●检查制动踏板位置开关的调整情况； ●执行巡航控制输入测试，测试"RESUME/ACCEL"开关信号输入；测试制动踏板位置开关信号输入； ●执行巡航控制组合开关测试	●电路断路、端子松动或断开：浅蓝色、灰色（左驾驶车型）、橙色（右驾驶车型）线束； ●制动踏板位置开关故障
在点火开关置于"ON"（Ⅱ）位置，且照明开关打开的情况下，巡航控制组合开关照明不点亮	检查巡航控制组合开关	

2. 巡航控制输入测试

①将本田诊断系统（HDS）连接到数据连接器（DLC）上。
②将点火开关旋至"ON"（Ⅱ）的位置。
③确保HDS与车辆和动力系统控制单元（PCM）通信。如果不能进行通信，对DLC电路进行故障排除。
④转至PGM-FI，并检查是否存在DTC。
⑤当用HDS监控PGM-FI DATA LIST中的参数时，进行下列测试，见表1-2。

> **注意**
>
> 间歇性故障一般是由电路连接松动导致的。在监测巡航控制输入时，弯曲电路，并注意测试结果是否改变。

表1-2 巡航控制测试信号、条件及未能达到期望结果的原因分析

待测试的信号	测试条件	参数，期望结果	未能达到期望结果的可能原因
制动踏板位置开关信号	踩下制动踏板，然后松开	●踩下制动踏板时，CRUISE BRAKE SW应显示"OFF"； ●松开制动踏板时，应显示"ON"	●制动踏板位置开关故障； ●驾驶员侧仪表板下熔断器/继电器盒中的7号（15 A）熔断器熔断； ●PCM和制动踏板位置开关之间线束的断路； ●PCM和制动踏板位置开关之间的线束对搭铁短路

续表

待测试的信号	测试条件	参数，期望结果	未能达到期望结果的可能原因
变速器挡位开关信号	换挡杆在D位置	SHIFT/CLUTCH SW 在P、R、N、D3、2和1位置应显示"ON"，在D位置应显示"OFF"	● 变速器挡位开关故障； ● PCM和变速器挡位开关之间线束的断路； ● PCM和变速器挡位开关的线束对搭铁短路； ● G101搭铁不良
巡航控制主开关信号	巡航控制主开关"ON"和"OFF"	● 当巡航控制主开关接通时，CRUISE MASTER（MAIN）SW应显示"ON"； ● 巡航控制主开关断开时，应显示"OFF"	● 巡航控制组合开关故障； ● 仪表ECU与巡航控制组合开关之间线束的断路； ● 仪表ECU与巡航控制组合开关之间的线束对搭铁短路； ● 巡航控制组合开关与搭铁之间线束的断路
"SET"开关信号	按下和松开"SET/DECEL"开关	● 按下"SET/DECEL"开关时，CRUISE CONTROL SET SW应显示"ON"； ● 松开"SET/DECEL"时，应显示"OFF"	● 巡航控制组合开关故障； ● 仪表ECU与巡航控制组合开关之间线束的断路； ● 仪表ECU与巡航控制组合开关之间的线束对搭铁短路
"RESUME"开关信号	按下和松开"RESUME/ACCEL"开关	● 按下"RESUME/ACCEL"开关时，CRUISE CONTROL RE-SUME SW应显示"ON"； ● 松开"RESUME/ACCEL"开关时，应显示"OFF"	● 巡航控制组合开关故障； ● 仪表ECU与巡航控制组合开关之间线束的断路； ● 仪表ECU与巡航控制组合开关之间的线束对搭铁短路
"CANCEL"开关信号	按下和松开"CANCEL"开关	● 按下"CANCEL"开关时，CRUISE CONTROL CANCEL SW应显示"ON"； ● 松开"CANCEL"开关时，应显示"OFF"	巡航控制组合开关故障
巡航控制指示灯信号	启动发动机，接通巡航控制主开关，并在车速高于40km/h下行驶车辆，设定和取消巡航控制	● 设置巡航控制时，CRUISE INDICATOR应显示"ON"； ● 取消巡航控制时，应显示"OFF"	仪表ECU故障

 课题小结

1. 巡航控制系统是一种利用电子控制技术保持汽车自动等速行驶的系统。
2. 巡航控制系统由巡航控制开关、传感器、巡航控制ECU、执行器等组成。
3. 巡航控制系统的使用包括设定巡航车速、增加或降低巡航设定车速、取消巡航控制及取消巡航控制后的恢复巡航行驶。

思考与练习

一、填空题

1. 巡航控制系统的英文缩写为_____，又称_____。
2. 巡航控制系统主要由_____、_____、_____、_____等组成。
3. 驾驶员通过控制开关给ECU输入巡航控制命令，主要用于_____、_____等。
4. 根据控制节气门方式的不同，巡航控制系统可分为_____和_____两种。

二、判断题（对的打"√"，错的打"×"）

1. 汽车进入巡航控制状态后，若车速过低，ECU将自动解除巡航控制。（   ）
2. 汽车在坡道较大的道路上行使时，使用巡航控制系统，会引起发动机转速变化过大。（   ）

三、选择题

在巡行控制下驱车下坡时，点火提前角应（   ）。
　A. 延迟增大　　B. 延迟减小　　C. 不变　　D. 快速减小

[知识链接] — 主动巡航系统

1. 主动巡航系统

主动巡航（ACC）系统是在定速巡航系统（CCS）的基础上发展而来的全新巡航系统，能够自动保持车辆的巡航速度和本车与前方车辆的设定安全距离。ACC系统示意图如图1-16所示。

ACC系统功能如图1-17所示。

图1-16 ACC系统示意图

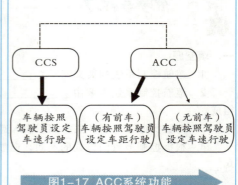

图1-17 ACC系统功能

自适应巡航控制系统主要由车距传感器（雷达）、轮速传感器、转向角传感器以及ACC ECU等组成。如图1-18所示，车距传感器一般安装在车头，它可以探测到汽车前方200 m左右的距离，轮速传感器（与防抱死制动系统（ABS）共用）可以感知车辆的行驶速度，而转向角传感器可以感知车辆的行驶方向，ACC ECU可以对发动机和制动系统的状态进行控制。

在高速公路行驶时，自适应巡航控制（ACC）系统在拥有普通巡航系统控制功能的同时能够实时控制与前方车辆的间距。

图1-18 自巡航控制系统示意图

在车辆行驶过程中，安装在车辆前部的雷达持续扫描车辆前方道路，同时轮速传感器采集车速信号。当与前车之间的距离小于安全车距时，ACC ECU可以通过与ABS、发动机控制系统协调动作，使车轮适当制动，并使发动机的输出功率下降，以使车辆与前方车辆始终保持安全距离。如图1-19所示。

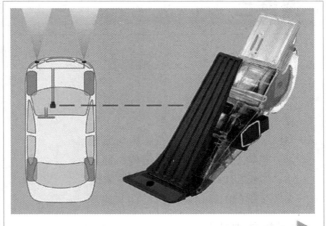

图1-19　自适应巡航控制系统根据前方路况来控制车速

虽然自适应巡航控制系统可以自动控制车速，但在任何时候驾驶员都可以主动进行加速或制动。当驾驶员在巡航控制状态下进行制动后，ACC ECU就会终止巡航控制；当驾驶员在巡航控制状态下进行加速，停止加速后，ACC ECU会按照原来设定的车速进行巡航控制。

自适应巡航控制系统一般在车速大于25 km/h时才会起作用，而当车速降低到25 km/h以下时，就需要驾驶员进行人工控制。不过通过系统软件的升级，自适应巡航控制系统可以实现"停车/起步"功能，以应对在城市中行驶时频繁的停车和起步情况。

2. 主动巡航系统功能限制

①在驶入弯道和驶出较长的弯道时，雷达测距传感器可能会对相邻车道上的汽车做出反应。

②不在同一条直线上行驶的车辆，雷达测距传感器只能识别传感器的识别范围。

③ACC是驾驶辅助系统，而不是自动驾驶系统，因此，行驶时要注意路面情况，必要时还要施加制动。

④雨水和污物对雷达测距传感器的影响。如果雷达测距传感器的功能因受大雨、水花、雪和泥的影响，自动车距控制会暂时自动关闭，组合仪表显示屏上出现"Clean ACC"。在这种情况下，自动车距控制的工作方式就像"普通"定速巡航装置一样，保持设置的车速，但不是控制与前车的车距。

课题二　汽车制动控制系统

● ［学习任务］

1. 了解ABS的分类。
2. 理解ABS的工作原理。
3. 了解ABS的功能组成结构与原理。
4. 了解ASR的功能组成结构与原理。
5. 了解ESP的功能组成结构与原理。
6. 了解EBD的功能组成结构与原理。

● ［技能要求］

能对ABS进行检测。

任务一　汽车防抱死制动系统

防抱死制动系统（Anti-Look Brake System，ABS）是一个制动控制装置，它采用计算机控制自动防止轮胎由于紧急制动而抱死。该系统进一步提高车辆的稳定性和缩短制动的距离。

因此，即使在突然踩下制动踏板时，轮胎不会锁住，转向盘可以转向，车辆保持受控制状态并可以安全停下。

ABS是汽车上的一种主动安全装置。保证汽车在任何路面上紧急制动时，自动控制和调节车轮的制动力，避免车轮完全抱死在路面而产生滑移，使车轮处于连滚动连滑动的状态，获得最佳制动效果。

一、汽车ABS的分类

汽车ABS的分类见表2-1。

表2-1 汽车ABS的分类

分类方法	分类	说明	性能与应用
按系统构造	整体式	制动压力调节器与制动主缸一体	结构紧凑成本高、一般用于高级轿车
	分离式	制动压力调节器与制动主缸分离	结构简单
按压力调节介质	机械式	以机械惯性力控制	现应用较少
	真空式	以真空产生作用力控制	真空液压制动汽车
	空气式	以高压空气控制	气压或气顶液压制动汽车
	液压式	以液压油控制	应用广泛
按被控制车轮	后轮	只控制后轮	成本低、用于货车、早期应用
	四轮	同时控制四轮	应用广泛
按控制方法	轴控式	同一个车轴上的两个车轮一起控制	结构简单、效果差
	轮控式	每个车轮单独控制	成本高、效果好
	混合式	前轮采用轮控式，后轮轴控式	介于以上两者之间
按控制通道	单通道	后轮轴控式	早期应用
	双通道	前、后轮轴控式	早期应用
	三通道	前轮轮控式，后轮轴控式	应用广泛
	四通道	各轮均采用轮控式	充分发挥各轮制动力、应用广泛
按控制参数	车轮滑移率	直接控制滑移率	价格昂贵、暂未使用
	车轮角加减速度	控制车轮角加、减速度在一定范围内	结构简单、控制精度低
	车轮角减速度及滑移率	以车轮加、减为主，间接滑移率为辅	应用广泛、效果较好

⇨ 1. 按系统构造分类

按系统构造不同，ABS可分为整体式和分离式两种。整体式ABS是将制动压力调节器与制动主泵、蓄压器结合在一起形成一个总体，如图2-1所示。分离式ABS的制动压力调节器自成一体，通过管路与制动主泵相连，如图2-2所示。

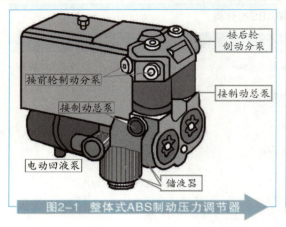

图2-1 整体式ABS制动压力调节器

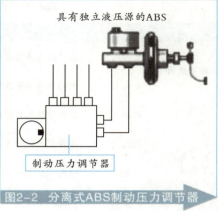

图2-2 分离式ABS制动压力调节器

2. 按压力调节介质分类

按压力调节介质分类，ABS常见的形式有：液压式、气压式、气顶液压式3种。液压式ABS以液压油控制，液压制动系统广泛应用于轿车和轻型载货汽车上。气压式ABS以高压空气控制，气压制动系统主要用于中、重型载货汽车上。气顶液压式ABS兼有气压和液压两种制动系统的特点，应用于部分中、重型汽车上。

3. 按控制通道分类

按控制通道，ABS可分为：单通道、双通道、三通道、四通道4种。

（1）单通道ABS

单通道ABS是在后轮制动器总管中设置一个制动压力调节器，在后桥主减速器上安装一个轮速传感器，布置形式如图2-3所示。

性能特点：单通道ABS一般都是对两后轮按低选原则进行一同控制。由于制动时两后轮不会抱死，能够显著地提高制动时的方向稳定性，在安全上是一大优点，同时具有结构简单、成本低等优点，所以，在轻型载货车上广泛应用。

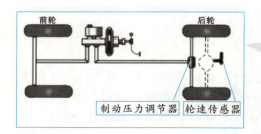

图2-3 单通道一传感器式ABS布置形式

（2）双通道ABS

双通道ABS的布置形式有：双通道四传感器式（图2-4）、双通道三传感器式、双通道二传感器式。双通道ABS难以在方向稳定性、转向控制性和制动效能各方面得到兼顾，目前采用很少。

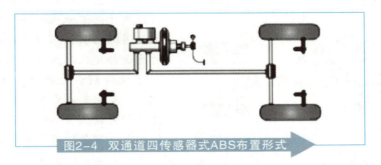

图2-4 双通道四传感器式ABS布置形式

（3）三通道ABS

三通道ABS是对两前轮进行独立控制，两后轮按低选原则进行一同控制（即两个车轮由一个通道控制，以保证附着力较小的车轮不抱死为原则），也称混合控制。其布置形式如图2-5所示。

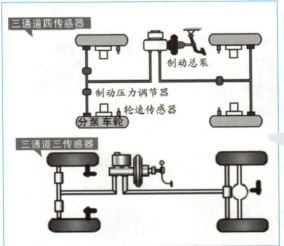

性能特点：两后轮按低选原则进行一同控制时，可以保证汽车在各种条件下左右两后轮的制动力相等，即使两侧车轮的附着系数相差较大，两个车轮的制动力都限制在附着力较小的水平，使两个后轮的制动力始终保持平衡，保证汽车在各种条件下制动时都具有良好的方向稳定性。三通道ABS在小轿车上被普遍采用。

图2-5 三通道ABS布置形式

（4）四通道ABS

四通道ABS有4个轮速传感器，在通往4个车轮制动分泵的管路中，各设一个制动压力调节器装置，进行独立控制，构成四通道控制形式。其布置形式如图2-6所示。

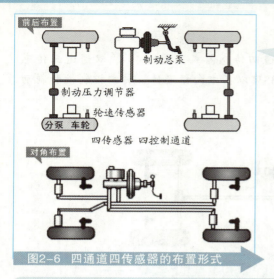

图2-6 四通道四传感器的布置形式

性能特点： 由于四通道ABS是根据各车轮轮速传感器输入的信号，分别对各个车轮进行独立控制的，因此，附着系数利用率高，制动时可以最大限度地利用每个车轮的最大附着力。四通道控制方式特别适用于汽车左右两侧车轮附着系数接近的路面，不仅可以获得良好的方向稳定性和方向控制能力，而且可以得到最短的制动距离。但是，如果汽车左右两个车轮的附着系数相差较大（如路面部分积水或结冰），制动时两个车轮的地面制动力就相差较大，因此，会产生横摆力矩，使车身向制动力较大的一侧跑偏，不能保持汽车按预定方向行驶，会影响汽车制动方向的稳定性。通常在具有驱动防滑转（ASR）功能时采用四通道式。

二、汽车ABS的结构与工作原理

ABS通常由输入信号元件、ECU和输出执行元件等组成，如图2-7所示。

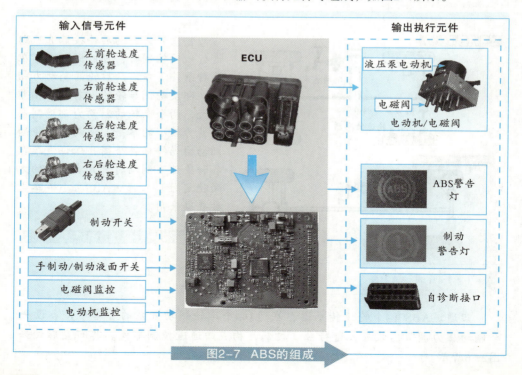

图2-7 ABS的组成

（一）输入信号元件

ABS的输入信号元件主要包括轮速传感器、制动开关、手制动/制动液面开关和电动机/电磁阀的监控电路。

1. 轮速传感器

轮速传感器的功用是检测车轮的速度，并将速度信号输入ABS ECU。目前，用于ABS的速度传感器主要有电磁式和霍尔式两种。

（1）电磁式轮速传感器

1）结构

电磁式轮速传感器由永磁体、极轴和感应线圈等组成，极轴头部结构有凿式和柱式两种，如图2-8所示。

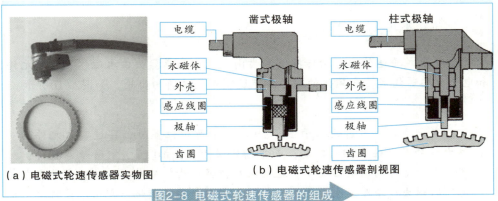

（a）电磁式轮速传感器实物图　　（b）电磁式轮速传感器剖视图

图2-8　电磁式轮速传感器的组成

2）工作原理

如图2-9所示，齿圈旋转时，齿顶和齿隙交替对向极轴。在齿圈旋转过程中，感应线圈内部的磁通量交替变化从而产生感应电动势，此信号通过感应线圈末端的电缆输入ABS ECU。当齿圈的转速发生变化时，感应电动势的频率也变化。ABS ECU通过检测感应电动势的频率来检测车轮转速。

3）电磁式轮速传感器的优点
结构简单、成本低。

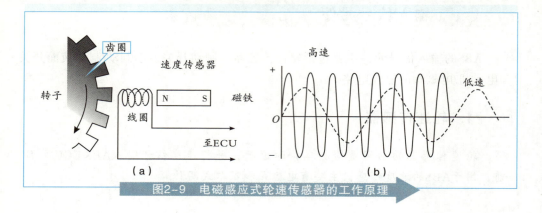

图2-9 电磁感应式轮速传感器的工作原理

4)电磁式轮速传感器的缺点

①传感器输出信号的幅值随转速的变化而变化。若车速过慢,其输出信号低于1V,ECU就无法检测。

②响应频率不高。当转速过高时,传感器的频率响应跟不上。

③抗电磁波干扰能力差。

(2)霍尔式轮速传感器

霍尔式轮速传感器由传感头和齿圈组成。传感器头由永磁体、霍尔元件和电子电路等组成,永磁体的磁力线穿过霍尔元件通向齿轮,如图2-10所示。

工作原理:当齿轮位于图2-10(a)中所示位置时,穿过霍尔元件的磁力线分散,磁场相对较弱;而当齿轮位于图2-10(b)中所示位置时,穿过霍尔元件的磁力线集中,磁场相对较强。齿轮转动时,使得穿过霍尔元件的磁力线密度发生变化,因而引起霍尔电压的变化,霍尔元件将输出一个毫伏(mV)级的正弦波电压。

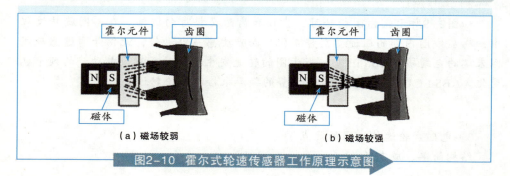

图2-10 霍尔式轮速传感器工作原理示意图

（3）轮速传感器的安装位置

花冠前后轮轮速传感器安装位置如图2-11所示。

（a）右前轮轮速传感器安装位置

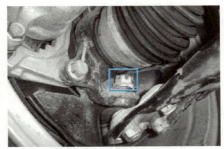
（b）右后轮轮速传感器安装位置

图2-11 花冠前后轮轮速传感器安装位置图

2. 减速度传感器

四轮驱动（4WS）汽车的ABS中有一种减速度传感器（也称G传感器），如图2-12所示。

减速度传感器的作用：检测汽车的减速度大小，并转换为电信号输入ABS ECU，以便判别路面是否是雪路、冰路等易滑路面。

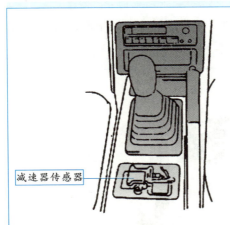
（a）减速度传感器安装位置

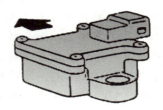
（b）减速度传感器外形

图2-12 汽车减速度传感器

减速度传感器有水银式、光电式、差动变压器式和半导体式等。下面以水银式减速度传感器为例进行介绍。

水银式减速度传感器的结构如图2-13（a）所示，由玻璃管和水银组成。

当汽车在低附着系数路面上制动时，汽车减速度小，水银在玻璃管内基本不动，传感器电路接通，如图2-13（b）所示，ABS ECU便按低附着系数路面上的控制程序控制制动系统工作。

当汽车在高附着系数路面上制动时，汽车减速度大，传感器玻璃管内的水银在惯性力作用下前移，传感器电路断开，如图2-13（c）所示，ABS ECU便按高附着系数路面上的控制程序控制制动系统工作。

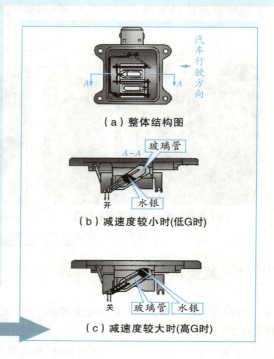

图2-13 G传感器水银开关

3. 制动开关

制动开关的安装位置如图2-14所示。

制动开关装在制动踏板上部，踩下制动踏板时，制动开关导通，制动灯点亮，同时将制动信号送到ABS ECU。

制动信号送到ABS ECU，表明制动系统开始工作，车轮随时可能出现抱死，接到该信号后，ABS ECU进入准备工作状态。如果制动开关损坏或者制动灯熔断器烧断，制动信号送不到ABS ECU，这时如果车轮抱死，ABS ECU会产生车轮意外抱死的故障码，同时ABS故障警告灯点亮，ABS失去作用。

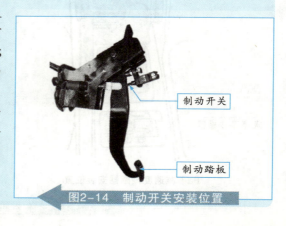

图2-14 制动开关安装位置

4. 手制动/制动液面开关

手制动开关和制动液面开关产生同一个信号。手制动开关和制动液面开关的安装位置如图2-15所示。

当拉起手制动或制动液液面不足时,仪表板上的手制动指示灯亮起,同时这个信号送到ABS ECU。如果该信号持续一定的时间,ABS ECU将控制ABS失效。ECU停止工作的同时点亮黄色的ABS故障警号灯。在这种情况下,红色故障警号灯比黄色故障警号灯先亮。

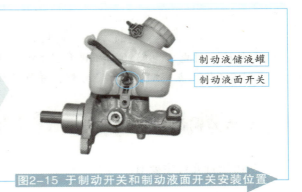

图2-15 手制动开关和制动液面开关安装位置

(二) ECU

ABS ECU由车速传感器的输入放大电路、运算电路、电磁阀控制电路、稳压电源、电源监控电路、故障反馈电路和继电器驱动电路等组成。

ABS ECU内部结构如图2-16所示。

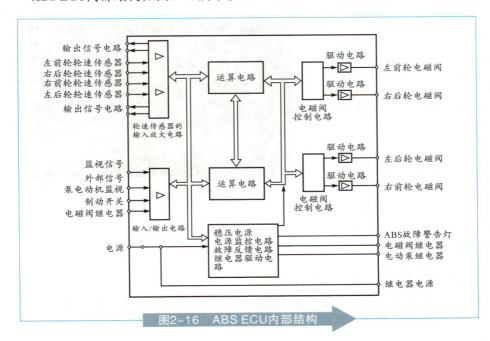

图2-16 ABS ECU内部结构

①输入放大电路：将轮速传感器输入的正弦交流信号转换成脉冲方波信号。

②运算电路：主要是进行车轮线速度、初始速度、滑动率、加速度及减速度等的运算，以及调节器的电磁阀控制参数的运算和监控运算。

③电磁阀控制电路：接受运算电路输入的电磁阀控制参数信号，控制大功率三极管向电磁阀提供控制电路。

④安全保护电路：将汽车电源提供的12 V或14 V的电压变为ECU内部所需的5 V电压。对电源电路的电压进行监控，对故障信号进行监视，出现故障时停止ABS工作，点亮ABS故障警告灯，并储存故障码。

（三）输出执行元件

输出执行元件主要有故障警告灯、电动机、电磁阀等。

1. 故障警告灯

ABS带有两个故障警告灯：一个是红色制动故障指示灯；另一个是黄色ABS故障警告灯，如图2-17所示。

两个故障警告灯正常闪亮的情况：当点火开关打开时，红色制动灯与琥珀色ABS故障警告灯几乎同时亮，制动灯亮的时间较短，ABS故障警告灯会亮得长一些（约3 s）；启动汽车发动机后，蓄压器要建立系统压力，此时两灯泡会再亮一次，时间可达十几秒甚至几十秒钟。红色制动灯在停车驻车制动时也应亮。如果在上述情况下灯不亮，就说明故障警告灯本身及线路有故障。

琥珀色ABS故障警告灯常亮，说明ECU发现ABS中有问题，要及时检修。

图2-17 故障警告灯

2. 电动机

ABS泵电动机是一个高压泵（图2-18），它可在短时间内将制动液加压到14～18 MPa，并给整个液压系统提供高压制动液体。

课题二 汽车制动控制系统　　任务一 汽车防抱死制动系统

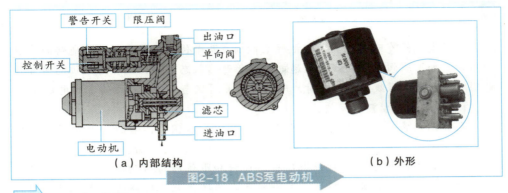

图2-18 ABS泵电动机

3. 电磁阀

电磁阀是制动压力调节器的主要部件，通过电磁阀动作便可控制制动压力"升高""保持"和"降低"。ABS中都有一个或两个电磁阀体，其中有若干个电磁控制阀，分别控制前、后轮的制动。常用的电磁阀有三位三通阀和两位两通阀等。

（1）三位电磁阀

电磁阀在电磁线圈电流大小不同（较大电流、较小电流、零电流）时，动作具有上、中、下3个工作位置。此外，由于该电磁阀具有进液口、出液口和回液口3个通路，所以称为三位三通电磁阀，简写为3/3电磁阀。三位三通电磁阀结构与工作原理示意图如图2-19所示。

电磁阀控制三种状态：①加压：进油阀开，出油阀关；②减压：进油阀关，出油阀开；③保压：进油阀关，出油阀关。

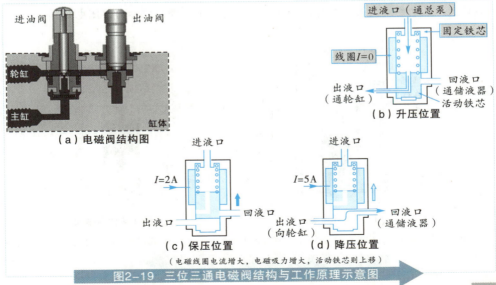

图2-19 三位三通电磁阀结构与工作原理示意图

（2）两位电磁阀

两位电磁阀有两个位置，它把柱塞控制在两个位置，改变制动液通路的导通和断开。如果球阀在电磁线圈未通电时处于开启状态，那么就称为两位两通常开电磁阀；如果电磁线圈未通电时，球阀处于关闭状态，那么就称为常闭电磁阀。

1) 两位两通电磁阀的结构与工作原理

两位两通常开电磁阀与常闭电磁阀的结构基本相同，如图2-20所示，主要由电磁铁机构、球阀、复位弹簧、顶杆、限压阀和阀体等组成。

在常开电磁阀中，设有一根顶杆，顶杆和限位杆与活动铁芯固定在一起，复位弹簧一端压在活动铁芯上，另一端压在与阀体相连的弹簧座上。限压阀的功用是限制电磁阀的最高压力。当制动液压力过高时，限压阀打开泄压，以免压力过高损坏电磁阀。在两位两通常闭电磁阀中，一般不设限压阀。

2) 两位两通电磁阀工作过程

两位两通常开与常闭电磁阀的工作原理基本相同，下面以常开电磁阀为例说明其工作过程。

当电磁线圈未通电时，在复位弹簧弹力作用下，活动铁芯带动顶杆和限位杆下移复位，直到限位杆与缓冲垫圈相抵为止。顶杆下移时，球阀随之下移，使电磁阀阀门处于开启状态，制动液从进液口经球阀阀门、出液口流出。

当电磁线圈有电流流过时，活动铁芯产生电磁吸力，压缩复位弹簧并带动顶杆一起上移，顶杆将球阀压在阀座上，电磁阀阀门处于关闭状态，进液口与出液口之间的制动液通道关闭。

由此可见，两位两通电磁阀是根据电磁线圈通电和断电，使球阀处于开启和关闭两个位置或两种状态，同时又有进液口与出液口两条通路，因此，称为两位两通电磁阀。如果球阀在电磁线圈未通电时处于开启状态，那么就称为两位两通常开电磁阀；如果电磁线圈未通电时，球阀处于关闭状态，那么就称为常闭电磁阀。

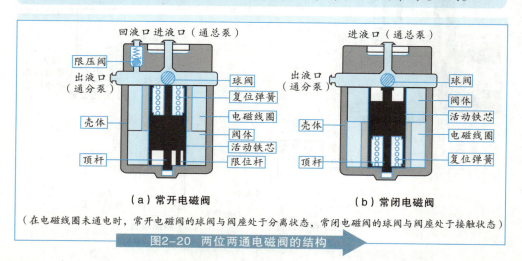

（a）常开电磁阀　　（b）常闭电磁阀

（在电磁线圈未通电时，常开电磁阀的球阀与阀座处于分离状态，常闭电磁阀的球阀与阀座处于接触状态）

图2-20　两位两通电磁阀的结构

4. 液压调节装置

（1）液压调节装置的作用

液压调节器的作用是按照ECU发出的控制指令，开闭制动防抱死系统的制动液通道，完成对各轮缸中制动液压力的调节。

（2）液压调节装置的结构

ABS泵电动机、电磁阀做成一个总成，统称液压调节装置（图2-21）。

有的液压调节装置中还包括蓄压器，在蓄压器的内部充有氮气，可存储高压并向制动系统提供高压。蓄压器被一个隔板分成上下两个腔室，上腔室充满了氮气，下腔室充满了来自电动泵的制动液（蓄压器下腔与电动泵泵油腔相通）。要特别注意的是，禁止拆卸、分解蓄压器，因为蓄压器中的氮气在平时有较大的压力（8MPa左右）。

电动泵给蓄压器下腔泵入制动液，使隔板上移，在蓄压器上腔的氮气被压缩后产生压力，反过来推动隔板下移，会使蓄压器下腔的制动液始终保持大约14~18MPa的压力。在普通制动系统工作的时候（ABS没有工作），蓄压器就可提供较大压力的制动液到后轮制动分泵；当ABS工作时，加压的制动液可进入前、后轮制动分泵。

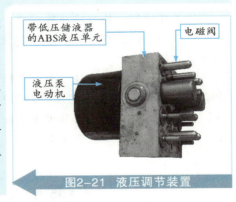

图2-21 液压调节装置

（3）典型ABS液压调节装置的工作过程

ABS典型的制动液压调节装置有循环式和可变容积式。其中循环式又分三位电磁阀循环式和两位电磁阀循环式两种，下面分别介绍其工作过程。

1）三位电磁阀循环式调节装置

这种形式是在汽车原有的制动管路中串联进电磁阀，直接控制压力的增减。

①常规制动过程。常规制动时电磁阀不通电，柱塞处于图2-22所示的位置，主缸和轮缸是相通的，主缸可随时控制制动压力的增减。这时，电动机也不需要工作。

②减压过程。当电磁阀通入较大的电流时,柱塞移至上端,主缸和轮缸的通路被截断,轮缸和液压油箱接通,轮缸的制动液流入液压油箱,制动压力降低。与此同时,驱动电动机启动,带动液压泵工作,把流回液压油箱的制动液加压后输送到主缸,为下一个制动周期做好准备,如图2-23所示。

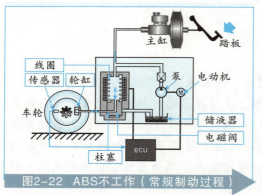

图2-22 ABS不工作（常规制动过程）

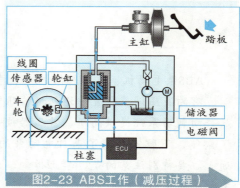

图2-23 ABS工作（减压过程）

③保压过程。轮缸减压过程中,轮速传感器产生的电压信号较弱,电磁阀通入较小的电流,柱塞移至图2-24所示的位置,所有的通道都被截断,保持轮缸的制动压力。

④增压过程。保压过程中,车轮转速趋于零,轮速传感器感应的电压也趋于零,电磁阀断电,柱塞又回到图2-25所示的初始位置。主缸和轮缸再次相通,主缸端的高压制动液再次进入轮缸,增加了轮缸的制动压力,如图2-25所示。车轮又趋于接近抱死状态。

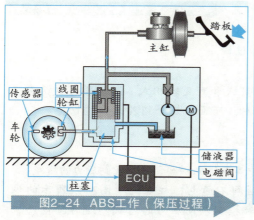

图2-24 ABS工作（保压过程）

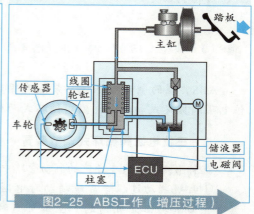

图2-25 ABS工作（增压过程）

2）两位电磁阀循环式调节装置

近年来ABS广泛使用了两位电磁阀，图2-26所示为典型的使用两位电磁阀的ABS油路/电路图，该ABS适用于国产的一汽大众捷达、上海大众桑塔纳、东风日产颐达、广州本田雅阁等车型。

由2-26图可知，低压储液罐与电动液压泵合为一体装于液压调节装置上。

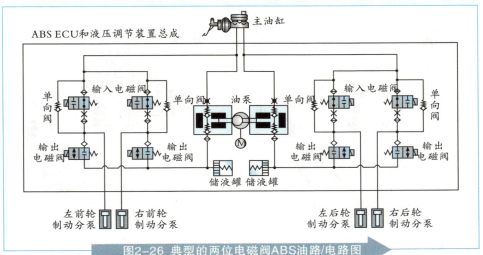

图2-26 典型的两位电磁阀ABS油路/电路图

阀体内共8个电磁阀，每个回路一对。不通电的时候，进油阀常开，出油阀常闭。它在制动主泵、制动分泵和回油路之间建立联系，实现压力升高、压力保持和压力降低的功能，防止车轮抱死。

循环式制动液压调节装置工作原理

① 开始制动阶段（系统油压建立）。开始制动时，驾驶员踩制动踏板，制动主泵产生制动压力，通过常开的进油阀到制动分泵。此时出油阀依然关闭，ABS没有参与控制，整个过程和常规液压制动系统相同，制动压力不断上升，如图2-27所示。

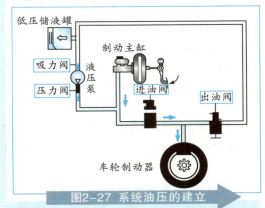

图2-27 系统油压的建立

② 油压保持。当驾驶员继续踩制动踏板，油压继续升高到车轮出现抱死趋势时，ABS ECU发出指令，使进油阀通电并关闭阀门，出油阀依然不带电压仍保持关闭，系统油压保持不变，如图2-28所示。

③油压降低。若制动压力保持不变，车轮有抱死趋势时，ABS ECU给出油阀通电打开出油阀。系统油压通过低压储液罐降低油压，此时进油阀继续通电保持关闭状态，有抱死趋势的车轮被释放，车轮轮速开始上升。与此同时，电动液压泵开始启动，将制动液由低压储液罐送至制动主泵，如图2-29所示。

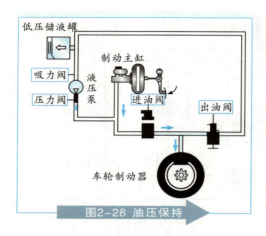

图2-28 油压保持

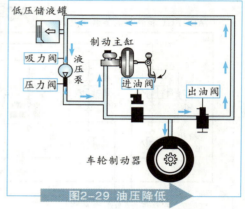

图2-29 油压降低

④油压增加。为了使制动最优化，当车轮轮速增加到一定值后，ECU给出油阀断电，关闭此阀门，进油阀同样也不带电而打开，电动液压泵继续工作，从低压储液罐中吸取制动液泵入液压制动系统，如图2-30所示。随着制动压力的增加，车轮轮速又降低。这样反复循环地控制（工作频率为5~6次/s），将车轮的滑移率始终控制在20%左右。

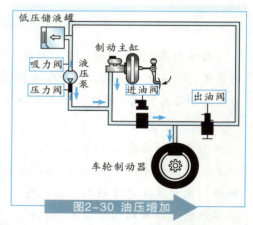

图2-30 油压增加

如果ABS出现故障，进油阀始终常开，出油阀始终常闭，使常规液压制动系统继续工作而ABS不工作，直到ABS故障排除为止。

3) 可变容积式调节器

可变容积式调节器是在汽车原有的制动管路上增加一套液压装置，用它控制制动管路容积的增减，以控制制动压力的变化。可变容积式调节器主要由电磁阀、动力活塞、液压泵、储能器等组成。下面就其工作原理进行说明。

①常规制动过程。如图2-31所示,动力活塞在弹簧力的作用下被推至最左端,活塞顶端有一推杆顶开单向阀,使主缸和轮缸之间的管路接通。这种状态是ABS工作之前或工作之后的常规制动工况,主缸直接控制制动压力的增减。

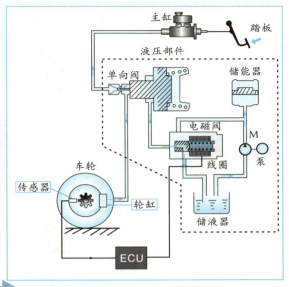

图2-31 ABS不工作(常规制动过程)

②减压过程。减压过程如图2-32所示,电磁阀通入较大的电流,电磁阀内的柱塞移到右边,储能器中储存的高压液体通过管路作用在动力活塞的左侧,产生一个与弹簧力方向相反的作用力。动力活塞右移,单向阀关闭,主缸和轮缸之间的通路被切断。因动力活塞右移而使轮缸侧容积增加,制动轮压力降低,制动压力减少的幅度决定于轮缸侧管路容积的增加量。

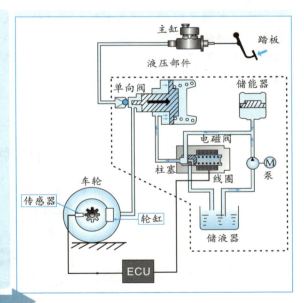

图2-32 ABS工作(减压过程)

③保压过程。如图2-33所示,给电磁阀通入较小的电流,电磁阀柱塞移到左边,通过电磁阀的所有通路均被切断,动力活塞两端承受的作用力相等。因此,动力活塞静止不动,管路容积也不发生变化,从而使轮缸中的制动压力保持不变。

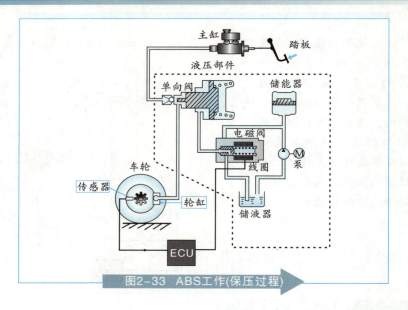

图2-33 ABS工作(保压过程)

④增压过程。动力活塞准备左移,将要返回图2-34所示的初始位置。这时,由于电磁阀断磁,柱塞回到左端初始位置,作用在动力活塞左侧的高压被解除,制动液泄入液压油箱。动力活塞在其弹簧力的作用下左移,回复到初始位置,单向阀被顶开,主缸与轮缸之间的管路再次接通,主缸的高压制动液重新进入轮缸,使轮缸的压力增高。

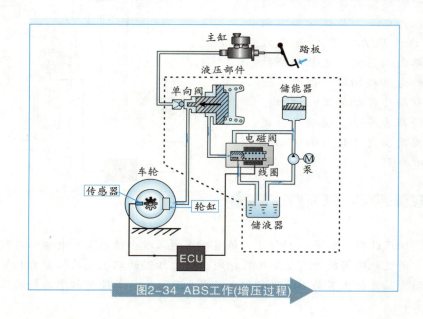

图2-34 ABS工作(增压过程)

任务二　驱动防滑系统

一、ASR的组成

ASR（驱动防滑系统）的作用是防止汽车加速过程中打滑，特别是防止汽车在非对称路面或转弯时驱动轮的空转。

同ABS一样，ASR也是由ECU、输入信号元件、输出执行元件三大部分组成。ASR中的ECU可以是独立的，也可以与ABS共用，轮速传感器可与ABS共用、制动压力调节器也可以共用。因此，通常将ASR/ABS组合在一起，图2-35所示为ABS/ASR组合在一起的典型电路。

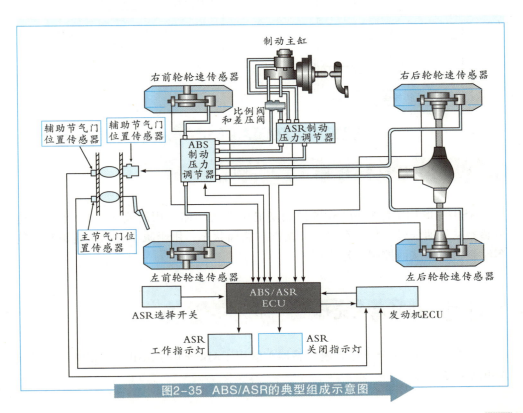

图2-35　ABS/ASR的典型组成示意图

因ASR和ABS的一些信号输入和处理都是相同的，为了减少电子器件的应用数量，使结构更紧凑，ASR/ABS ECU通常组合在一起，如图2-36所示。左侧是输入信号元件，右侧是执行控制元件，虚线框部分是在ABS基础上增加的部件，其余元件为ABS和ASR公用。

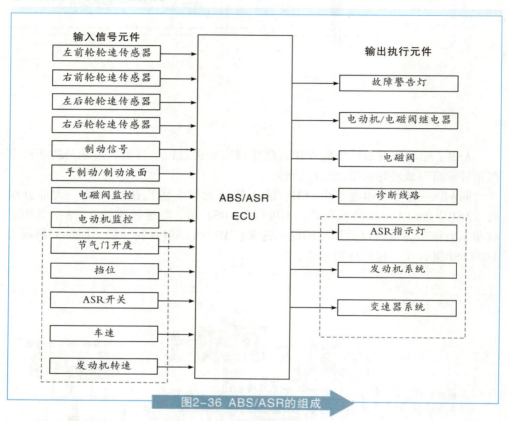

图2-36 ABS/ASR的组成

（一）ABS/ASR ECU

ASR/ABS ECU将ABS/ASR的控制功能结合为一体，用所输入的4个车轮轮速传感器的轮速信号，计算车轮空转情况和路面状态，用于减小发动机转矩和控制车轮制动力，从而控制车轮轮速。

（二）信号输入元件

有些部件（如4个车轮轮速传感器）既用于ABS又用于ASR。下面仅介绍用于ASR的信号元件。

1. 副节气门位置传感器

副节气门位置传感器安装在副节气门轴上,将副节气门开度转换为电压信号,并将这一信号经发动机和变速器ECU发送至ABS/ASR ECU,其内部电路构成如图2-37所示。

副节气门开启/关闭的动作是由ABS/ASR ECU来操作的,但副节气门的开度信号却由发动机和变速器ECU感知。也就是说,在ASR工作期间,两个ECU要一起协调工作。

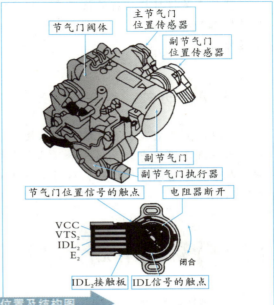

图2-37 副节气门位置传感器的安装位置及结构图

2. 主节气门怠速触点信号

ASR要起作用,主节气门的怠速触点必须断开,也就是说,油门踏板必须踩下,汽车处于加速状态。

3. 压力传感开关或压力传感器

压力传感开关或压力传感器,安装在蓄压器及其油路中,安装位置如图2-38所示,它监测蓄压器中的压力,将这一信息发送至ABS/ASR ECU。点火开关打开后,ECU控制ASR电动机工作,给蓄压器加压,直到储存的高压制动液压力恢复正常。

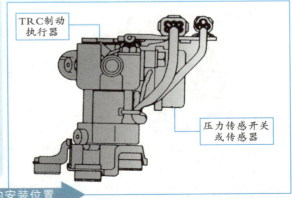

图2-38 压力传感开关或传感器的安装位置

4. 挡位开关

挡位开关根据换挡杆的位置产生挡位信号，但它只将换挡杆"P"或"N"信号输入ABS/ASR ECU。当ECU感知挡位在"P"或"N"位置时，ASR功能不起作用。

5. ASR开关

ASR开关是ASR专用的信号输入装置，关闭ASR开关，则可停止ASR的作用。如在汽车维修中需要将汽车驱动车轮悬空转动时，ASR就可能对驱动车轮施以制动，影响故障的检查，这时，关闭ASR开关，停止ASR作用，就可避免这种影响。

（三）输出执行元件

1. 副节气门执行器

如图2-39所示，副节气门执行器安装在节气门体上。ASR工作期间，ABS/ASR ECU通过控制副节气门执行器来控制副节气门的开度，从而控制发动机的输出功率。

副节气门执行器是由永久磁铁、线圈和转子轴组成的一个步进电动机，由ABS/ASR ECU控制转动，如图2-40所示。在转子轴末端安装一个小齿轮，使安装在副节气门轴末端的凸轮轴齿轮转动，从而控制副节气门开度。

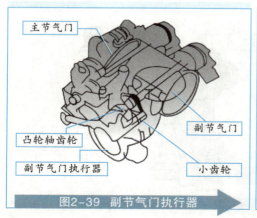

图2-39 副节气门执行器

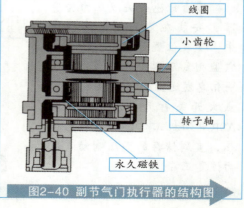

图2-40 副节气门执行器的结构图

如图2-41所示,当ASR不工作时,副节气门完全打开,对发动机的工作没有影响;当ASR部分工作时,副节气门打开一定角度;当ASR完全工作时,副节气门完全关闭。

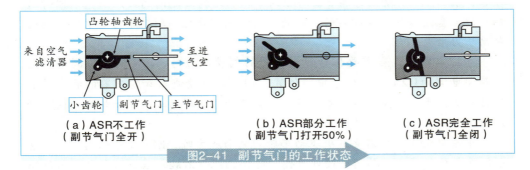

图2-41 副节气门的工作状态

2. ASR制动压力调节器

制动压力调节器执行ASR ECU的指令,对滑转车轮施加制动力并控制大小,以使滑转车轮的滑动率控制在目标范围之内。ASR制动压力源是蓄压器,通过制动压力调节器中的电磁阀来调节驱动车轮制动压力的大小。

ASR制动压力调节器的结构形式有独立式和组合式两种。

(1) 独立式ASR制动压力调节器

这种ASR制动压力调节器和ABS制动压力调节器在结构上各自分开,通过液压管路互相连接,如图2-42所示,其工作原理如下:

①ASR不起作用。在ASR不起作用时,电磁阀不通电,阀位于左侧位置,调压缸的右腔与储液器相通,由于右腔压力较低,调压缸的活塞被复位弹簧推到右边极限位置,ABS制动压力调节器与驱动车轮的制动轮缸与调压缸左腔连通。因此,在ASR不起作用时,对ABS无任何影响。

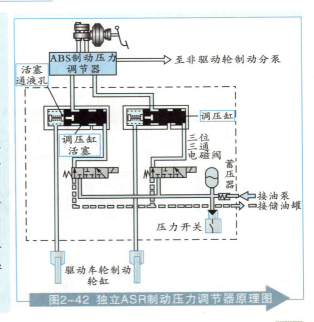

图2-42 独立ASR制动压力调节器原理图

②轮缸增压。当驱动车轮出现滑转而需要对驱动车轮实施制动时，ASR ECU输出控制信号，使电磁阀线圈通电而移至右侧位置。此时调压缸右腔与储液室隔断而与蓄压器连通，蓄压器内具有一定压力的制动液推动调压缸的活塞左移，切断ABS制动压力调节器与驱动车轮制动轮缸之间的液压通道。同时随调压缸活塞左移压缩左腔内的制动液，使调压缸左腔和驱动车轮制动轮缸内的制动压力增大。

③轮缸保压。当需要保持驱动车轮的制动压力时，ECU使电磁阀半通电（最大电流的1/2），阀处于中间位置，调压缸与储液器和蓄压器的液压通道均被切断，于是，调压缸活塞保持原位置不动，使驱动车轮制动轮缸内的制动压力保持不变。

④轮缸减压。当需要减小驱动车轮的制动压力时，ECU使电磁阀断电，电磁阀在复位弹簧力的作用下回到左侧位置，调压缸右腔与蓄压器隔断而与储液器连通。于是，调压缸右腔压力下降，其活塞在复位弹簧作用下右移，调压缸左腔和驱动车轮制动轮缸内的制动压力下降。

（2）组合式ASR制动压力调节器

组合式是指ASR制动压力调节器与ABS制动压力调节器在结构上组合为一个整体，也称ABS/ASR制动压力调节器，如图2-43所示。其工作原理如下。

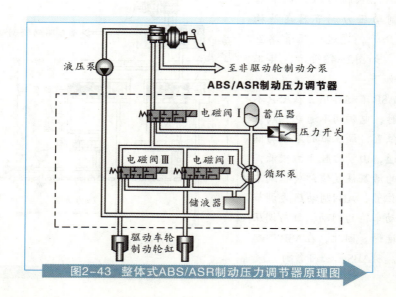

图2-43 整体式ABS/ASR制动压力调节器原理图

①ASR不起作用。在ASR不起作用时，电磁阀Ⅰ不通电。汽车在制动过程中，如果车轮出现抱死现象，则ABS起作用，通过控制电磁阀Ⅱ和电磁阀Ⅲ来调节制动压力。

②轮缸增压。当驱动车轮出现滑转时，ASR ECU使电磁阀Ⅰ通电，阀移至右侧位置，电磁阀Ⅱ和电磁阀Ⅲ不通电，阀处于左侧位置，于是蓄压器的压力油进入驱动车轮制动轮缸，轮缸制动压力增大。

③轮缸保压。当需要保持驱动车轮轮缸的制动压力时，ASR ECU使电磁阀Ⅰ半通电，阀移至中间位置，切断蓄压器与制动轮缸的通道，则驱动车轮制动轮缸的制动压力保持不变。

④轮缸减压。当需要减小驱动车轮的制动压力时，ASR ECU给电磁阀Ⅱ和电磁阀Ⅲ通电，电磁阀Ⅱ和电磁阀Ⅲ移至右侧位置，将驱动车轮制动轮缸与储液器连通，使驱动车轮制动轮缸的压力降低。

如果需要对左右驱动车轮的制动压力实施不同的控制，ASR ECU则分别对电磁阀Ⅱ和电磁阀Ⅲ实施不同的控制。

二、ASR控制方式

保持驱动轮始终处于最佳滑转率范围内的驱动防滑控制方式有发动机输出转矩控制和驱动轮制动力矩控制两种。

1. 发动机输出转矩控制

发动机输出转矩控制是最早应用的驱动防滑控制方式，它在附着系数较小的冰雪路面或高速行驶，驱动轮发生过度滑转时，该控制方式十分有效。图2-44所示为通过发动机输出转矩调节的带有ABS的ASR结构图。

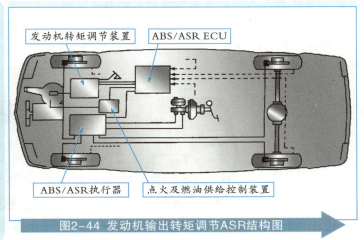

图2-44 发动机输出转矩调节ASR结构图

通过控制发动机输出转矩，可以达到控制传递到驱动轮力矩的目的，从而实现对驱动轮滑转率的调节。发动机输出转矩控制手段主要有供油量调节、点火参数调节和节气门开度调节。

①点火参数调节。对汽油机而言，输出转矩的微量调节可以通过改变点火参数来实现，即减小点火提前角。

②供油量调节。是指减小供油或暂停供油，即当发现驱动轮发生过度滑转时，电子调节装置自动减小供油量，甚至中断供油，来减小发动机的输出转矩。

③节气门开度调节。是指在原节气门通道的基础上串联一个副节气门，通过传动机构控制其开度，从而使其有效节气门开度获得调节器，实际就是控制进入汽油机气缸的空气量。

对柴油机而言，发动机输出转矩的调节一般只采用控制燃油喷射量的方法。这一方法在柴油机上容易实现，其实现形式与汽油机的节气门开度调节控制方式一致。

2. 驱动轮制动力矩控制

驱动轮制动力矩控制是利用制动器对发生滑转的驱动轮施加制动力矩，直接对滑动的车轮起制动作用，使车轮转速降至最佳的滑转率范围内，其反应时间短，是防止滑转最迅速的一种控制方式。但是考虑到舒适性，制动力不能太大，因此，这种控制方式可作为用发动机调节输出转矩控制方式的补充。图2-45所示为有发动机输出转矩调节和驱动轮制动力控制的ASR结构图。

制动力矩调节的实质是控制差速作用，所以，该控制方式对路面两侧附着系数差别较大，只有一个车轮滑转时效果较好。

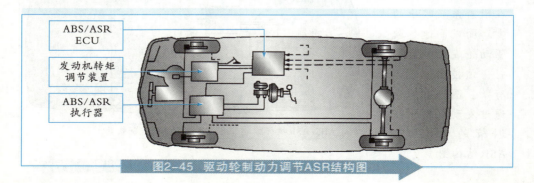

图2-45 驱动轮制动力调节ASR结构图

三、ASR工作过程

ASR工作期间，输入到ABS/ASR控制装置的信号包括：轮速传感器信号、节气门位置传感器信号、发动机转速信号和挡位信号等，这些信号均由发动机和变速器ECU通过数据总线传送过来。

ECU根据轮速传感器的信号，监控驱动轮是否打滑。如果驱动轮的转速高于从动轮，表明驱动轮由于发动机动力输出过高或地面附着系数较低而出现打滑。此时ABS/ASR ECU控制电动机工作，产生制动压力；再通过驱动电磁阀控制制动分泵的制动压力，对发生空转的驱动轮施加制动，直到驱动轮的转速恢复到与从动轮转速相等。同时ABS/ASR ECU通过数据总线向发动机和变速器ECU发出降低发动机动力输出的请求，发动机和变速器ECU通过减少燃料喷射量、延迟点火时间以及变速器自动升高挡来实现降低发动机动力、减小车轮转矩输出。当驱动轮停止打滑，ABS/ASR ECU结束对打滑车轮的制动，发动机和变速器ECU也结束对发动机动力输出的限制，汽车重新正常行驶。

ASR的工作过程如图2-46所示。

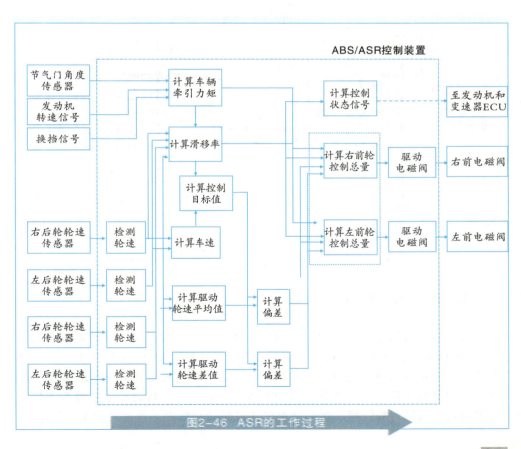

图2-46　ASR的工作过程

四、ASR工作原理

ABS/ASR ECU利用调节器装置来对制动分泵施加制动,控制过程中制动系统的压力变化有3种模式:压力增加、压力保持和压力减小。

1. 压力增加模式

在压力增加模式中,如图2-47所示,泵电动机接通,产生制动高压;ASR NO阀通电断开,切断高压制动液去制动主泵的油路;ASR NC阀通电导通,使制动液可以由储液罐和制动总泵被泵抽出;进油阀不通电导通。高压制动液经进油阀流到打滑车轮的制动分泵;出油阀不通电断开,加到制动分泵的高压制动液不能经此回流到储液罐,结果打滑车轮被制动。

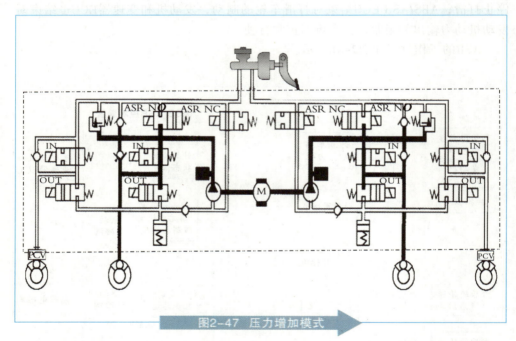

图2-47 压力增加模式

2. 压力保持模式

在压力保持模式中,如图2-48所示,泵电动机接通,产生制动高压;ASR NO阀通电断开,切断高压制动液去制动主泵的油路;ASR NC阀通电导通,使制动液可以由储液罐和制动总泵被泵抽出;进油阀通电断开。高压制动液不能经进油阀流到车轮的制动分泵;出油阀不通电断开,加到制动分泵的高压制动液不能经此回流到储液罐。制动液保留在前制动分泵内,结果制动压力保持。

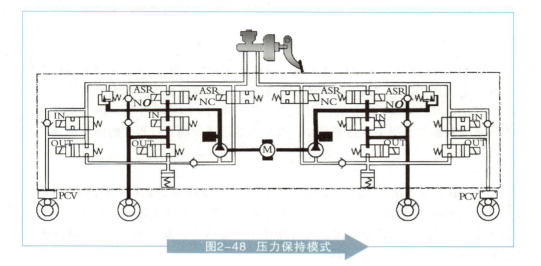

图2-48 压力保持模式

3. 压力减小模式

在压力减小模式中,如图2-49所示,泵电动机接通,产生制动高压;ASR NO阀通电断开,切断高压制动液去制动主泵的油路;ASR NC阀通电导通,使制动液可以由储液罐和制动总泵被泵抽出;进油阀通电断开。高压制动液不能经进油阀流到打滑车轮的制动分泵;出油阀通电导通,加到制动分泵的高压制动液经此回流到储液罐,结果制动分泵压力减小。

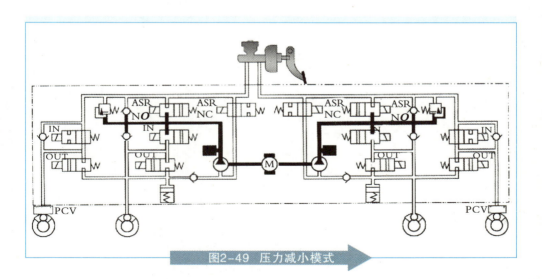

图2-49 压力减小模式

（1）ABS和ASR的相同点

①ABS和ASR都是通过控制作用于被控制车轮的力矩，而将车轮的滑转率控制在设定的理想范围之内，从而缩短汽车制动距离或提高汽车的加速性能。

②ABS和ASR都要求系统具有快速的反应能力，以适应车轮附着力的变化；都要求控制偏差量尽可能达到最小；都要求尽量减少调节过程中的能量消耗。

（2）ABS和ASR的不同点

①ABS对驱动和非驱动车轮都可进行控制，而ASR只对驱动车轮进行控制。

②在ABS控制期间，离合器通常处于分离状态（手动变速），发动机也处于怠速运转，而在ASR控制期间，离合器处于接合状态，发动机的惯性对ASR控制有较大影响。

③在ABS控制期间，汽车传动系的振动较小，在ASR控制期间，很容易使传动系统产生较大的振动。

④在ABS控制期间，各车轮之间的相互影响不大，而在ASR控制期间，由于差速器的作用会使驱动车轮之间产生较大的互相影响。

⑤ABS只是一个反应时间近似一定的制动控制单环系统，而ASR却是由反应时间不同的制动控制和发动机控制等组成的多环系统。

任务三　电子稳定控制系统

一、ESP的作用

ESP（电子稳定控制系统）综合了ABS和ASR两大系统，功能更为强大。ESP可以使车辆在各种状况下保持最佳的稳定性，尤其在转向过度或转向不足的情形下效果更加明显。

ESP可以实时监控汽车行驶状态，必要时可自动向一个或多个车轮施加制动力，以保持车辆在正常的车道上运行，而且它还可以主动调控发动机的转速并可调整每个轮子的驱动力和制动力，以修正汽车的过度转向和转向不足。ESP还有一个实时警示功能，当驾驶员操作不当和路面异常时，它会用故障警告灯警示驾驶员。在ABS和ASR的共同作用下，ESP最大限度地保证汽车不跑偏、不甩尾、不侧翻。

ESP的作用可以在以下3种工况下体现出来。

 1. 在多变的路面上行驶

在多变的路面上行驶，没有装备ESP的车辆表现如图2-50所示，装备有ESP的车辆表现如图2-51所示。

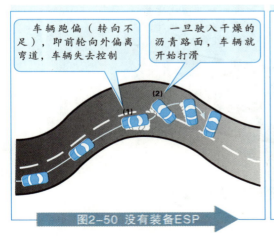

图2-50　没有装备ESP

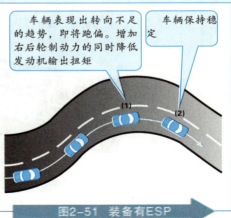

图2-51　装备有ESP

2. 驾驶员转弯过快

当驾驶员转弯过快时，没有装备ESP的车辆表现如图2-52所示，装备有ESP的车辆表现如图2-53所示。

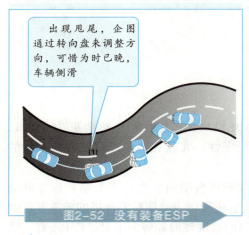

图2-52 没有装备ESP

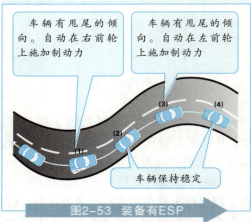

图2-53 装备有ESP

3. 避让障碍物

在避让障碍物时，没有装备ESP的车辆表现如图2-54所示，装备有ESP的车辆表现如图2-55所示。

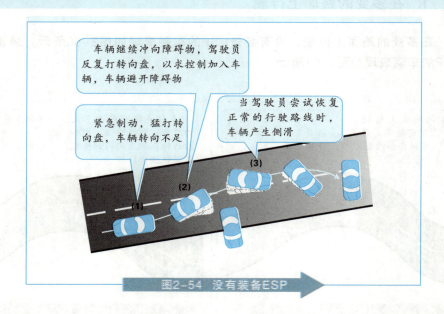

图2-54 没有装备ESP

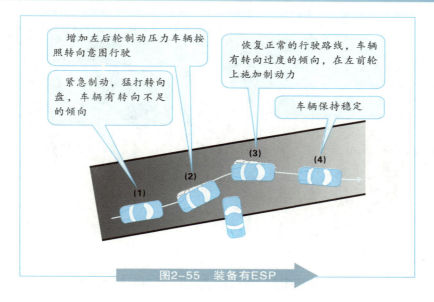

图2-55 装备有ESP

二、ESP的组成

ESP由ECU及转向角传感器、车轮速传感器、减速度传感器、横摆率传感器、制动液压力传感器和执行器等组成，ESP的组成如图2-56所示。虚线所框的是ABS/ASR的基础上加的部分。ABS/ASR/ESP部件在车上的安装位置如图2-57所示。

图2-56 ESP的组成

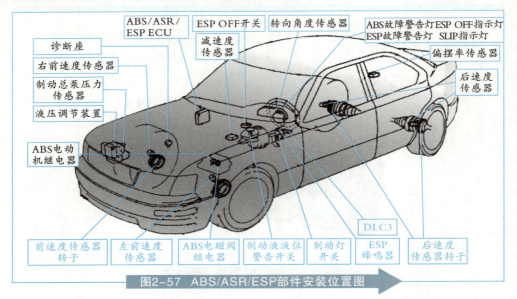

图2-57 ABS/ASR/ESP部件安装位置图

1. 输入信号元件

（1）横摆率传感器

横摆率传感器也称偏率传感器、偏航率传感器，装在汽车行李舱前部，与汽车垂直轴线平行，它检测汽车绕垂直轴旋转的角速度，如图2-58所示。如果此传感器失效，ECU将不能识别车辆是否发生转向，ESP功能失效。

图2-58 横摆率传感器

（2）减速度传感器

减速度传感器水平地安装在汽车重心附近地板下方的中间位置，它检测汽车的纵向和横向加速度。有的车型（如丰田卡罗拉轿车）把横摆率传感器与减速度传感器装在一起。

（3）转向角传感器

转向角传感器（图2-59）安装在转向柱上转向开关与转向盘之间，与安全气囊时钟弹簧集成为一体。向带有ESP/ASR的ABS ECU传递转向盘转角信号。

测量范围为±720°，4圈。如该传感器失效，系统将不能识别车辆的预期行驶方向（驾驶员意愿），导致ESP不起作用。

（4）制动液压力传感器

制动液压传感器装在ESP液压控制装置内部（图2-60），检测驾驶员进行制动操作时制动液压的变化。该传感器失效将会引起ESP功能不起作用。

图2-59 转向角传感器

（5）轮速传感器

轮速传感器装在每个车轮上，检测每个车轮的转速。

图2-60 制动液压力传感器

（6）ESP OFF开关

驾驶员可以通过ESP OFF开关手动关断ESP功能，奔驰S600 ESP OFF开关如图2-61所示。

图2-61 奔驰S600 ESP OFF开关

2. ABS/ASR/ESP ECU

ABS/ASR/ESP ECU通过线束与每个传感器和执行器相连，它接收传感器的信号，计算汽车侧滑状态和恢复到安全状态所需的旋转动量和减速，并向执行器发出控制命令。

3. 输出执行元件

（1）节气门体

节气门体装在发动机进气通道上，在ESP起作用期间，调节发动机输出功率，由节气门体上的节气门电动机来控制发动机节气门的开度。

(2) ABS/ASR/ESP液压控制装置

ABS/ASR/ESP液压控制装置装在发动机一侧，在正常情况下，制动时如果车轮抱死，它执行ABS的功能；当车轮在起步、加速下出现打滑空转时，它执行ABS/ASR功能；当汽车转向，出现侧滑时，它执行ESP功能。总之，在ECU的控制下，ABS/ASR/ESP液压控制装置把受到控制的制动液压施加到每个车轮。

如图2-62所示，ESP液压控制装置主要分4个部分。

①液压制动力的产生部分。由电动机驱动液压泵和蓄压器组成。蓄压器储存由液压泵供应的制动液，作为本液压装置的压力源。

②制动总泵和制动助力器部分。根据驾驶员的制动操作产生液压，并进行助力。

③选择电磁阀部分。当ABS/ASR或ESP工作时，它关闭制动总泵的制动液，并把从液压制动力产生部分来的制动液或从制动助力器（调节液压）来的制动液送到控制电磁阀，从而控制每个车轮制动分泵的液压。

④控制电磁阀部分。当ABS/ASR或ESP工作时，它增加或降低每个车轮制动分泵的液压，以控制每个车轮的制动力。

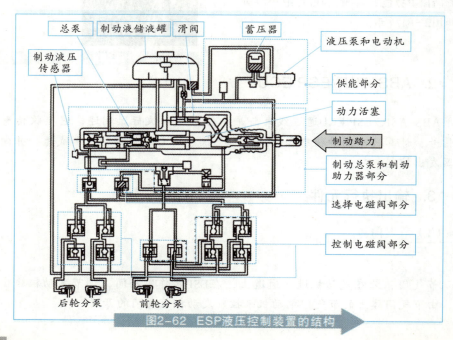

图2-62 ESP液压控制装置的结构

三、ESP的工作原理

1. 抑制前轮侧滑

当因前轮产生侧滑而出现转向不足现象时，ESP把制动力施加到一个或两个后轮上（即使对两个后轮施加制动，制动也不是同步进行的），这时ESP液压控制装置的基本动作是把经调节的高压制动液送到两个后轮分泵。

如图2-63所示，通过操作选择电磁阀，从蓄压器来的动力制动液被导向到两个后轮，控制电磁阀由通/断占空比来驱动，以把高压制动液调节并控制到合适的水平。

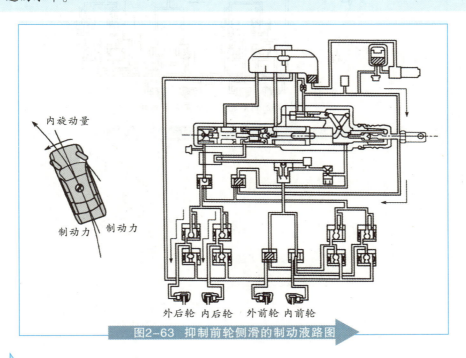

图2-63 抑制前轮侧滑的制动液路图

2. 抑制后轮侧滑

当因后轮产生侧滑而使汽车过度转向时，ESP立即把制动力加至正在转弯的外前轮上。这时ESP液压控制装置的基本动作就是把经调节的制动液送到正在转弯的外前轮上。

如图2-64所示，通过操作选择电磁阀，从蓄压器来的高压制动液被导向正在转弯的外前轮上。控制电磁阀由通/断占空比来驱动，以把高压制动液调节并控制到合适的水平。

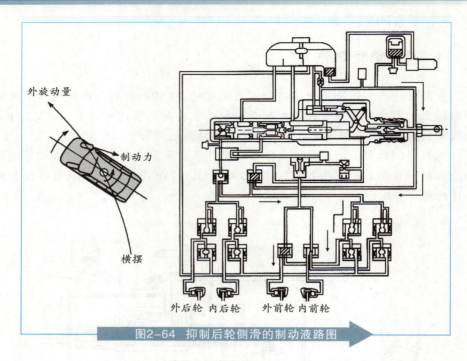

图2-64 抑制后轮侧滑的制动液路图

任务四 电子制动力分配系统

一、EBD的构成与功能

从硬件上讲，EBD（电子制动力分配系统）与ABS构成相同，但控制软件却有很大不同。在安装了EBD之后，可免装比例阀、减载阀，因为希望汽车的后轮要晚于前轮抱死，但在设计中后轮制动器不能做得太小，因此有可能先于前轮抱死。当后轮出现抱死倾向时，EBD开始起作用，减小后轮制动压力，保证后轮制动力在一个合适范围内。EBD的作用条件弱于ABS，在滑移率小于ABS的门限滑移率时EBD即可作用，同时EBD只对后轮起作用。

1. 前/后轮制动力分配

如果在车辆直线向前行驶时进行制动，则道路的变化将降低后轮上所受到的载荷。防滑控制ECU通过来自车轮速度传感器的信号来确定此情况，制动执行器调节后轮制动力的分配以实现最佳控制。例如，无论车辆是否携带负荷，后轮在制动期间所承受的制动力将出现变化。后轮所承受的制动力同样根据减速程度将出现变化。因此在这些状态下，应最佳地控制后轮制动力的分配，以有效地利用后轮的制动力，如图2-65所示。

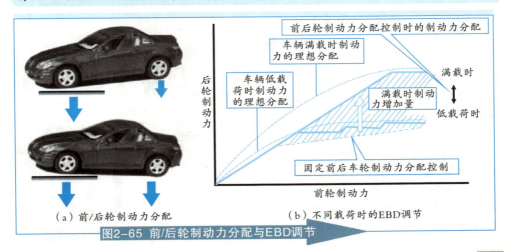

图2-65 前/后轮制动力分配与EBD调节

2. 右/左轮制动力分配（转弯制动期间）

如果在车辆转弯时进行制动，则内轮上所受的载荷将减少，而外轮上的载荷将增加。为了确保在弯道行驶制动时车辆的稳定性，可通过调节左右车轮的制动力分配来进行左右车轮制动力的分配控制，确保制动时车辆的稳定性和良好的制动效果，如图2-66所示。

图2-66 右/左轮制动力分配实物图

二、EBD的工作原理

在车轮部分制动时，电子制动力分配EBD功能就起作用，转弯时尤其如此，速度传感器发出4个车轮的转速信号，ECU根据这些信号计算车轮的转速及滑移率。

如果后轮滑移率大于某个设定值，则由液压控制单元调节后轮制动压力使后轮制动力降低，以保证后轮不会先于前轮抱死，同传统的制动力分配方式（如比例阀）相比，EBD功能保证了较高的车轮附着力以及合理的制动力分配，同时，EBD并没有增加新的硬件，而是通过软件来实现制动力的合理分配并降低了成本。当ABS起作用时EBD即停止工作。

EBD的工作过程与ABS基本相同，具体情况如下：

（1）降压过程

EBD的升压及保压与ABS工作过程完全一样，但降压控制则有所不同。

当后轮有抱死倾向时，后轮的常开阀关闭，常闭阀打开，车轮压力降低，与ABS不同的是此时液压泵不工作，降压所排放出的制动液暂时存放在低压蓄能器中（图2-67）。

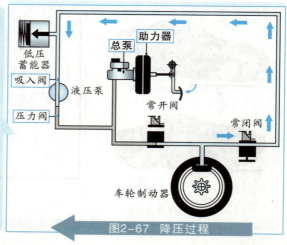

图2-67 降压过程

课题二 汽车制动控制系统　　任务四 电子制动力分配系统

（2）增压过程

当制动结束后，制动踏板松开，总泵内的制动压力为零，此时再次打开常闭阀，低压蓄能器中的制动液经常闭阀、常开阀返回总泵，低压蓄能器排空为下一次ABS或EBD做好准备（图2-68）。

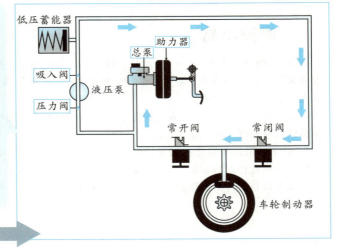

图2-68 增压过程

三、EBD的故障检修

在每次车辆开关点火或启动时，EBD会同ABS一样进行自检。在自检时，制动警告灯会亮起几秒钟后自动熄灭。如果制动警告灯长亮，表示EBD系统有故障；如制动液太少、制动摩擦片太薄、手制动拉起没放下都会使制动警告灯长亮。所以，在断定是EBD出现故障之前，检查这些系统的工作情况是必要的。在检查完这些以后，如果制动警告灯还是长亮，那就表示电子制动系统有问题了。EBD的失效保护功能见表2-2。

表2-2　EBD的失效保护功能识别表

故障原因	ABS	EBD	ABS	EBD
无故障	工作	工作	熄灭	熄灭
一个轮速传感器故障	不工作	工作	点亮	熄灭
电动泵故障	不工作	工作	点亮	熄灭
低电压	不工作	工作	点亮	熄灭
两个以上轮速传感器故障；电磁阀故障；ABS ECU故障；其他故障	不工作	不工作	点亮	点亮

课题小结

1. ABS是汽车上的一种主动安全装置。保证汽车在任何路面上紧急制动时，自动控制和调节车轮的制动力，避免车轮完全抱死在路面产生滑移，使车轮处于连滚动连滑动的状态，以获得最佳制动效果。

2. ASR汽车驱动防滑系统的作用是防止汽车加速过程中打滑，特别是防止汽车在非对称路面或转弯时驱动轮的空转。

3. ESP可以实时监控汽车行驶状态，必要时可自动向一个或多个车轮施加制动力，以保持车辆在正常的车道上运行，而且它还可以主动调控发动机的转速并可调整每个轮子的驱动力和制动力，以修正汽车的过度转向和转向不足。

思考与练习

一、填空题

1. 根据工作原理，ABS电磁阀可分为两种：_____电磁阀和_____电磁阀。
2. ABS系统按控制通道分类有_____、_____、_____、_____四种。

二、判断题（对的打"√"，错的打"×"）

1. ASR工作期间，制动踏板如果踩下，ASR的工作将取消。（   ）
2. 汽车左转弯时，如果出现转向过度，为了保持车身稳定，应对前轮施加制动力。（   ）
3. 在拆卸有高压蓄压器的ABS装置之前，应先泄压，使蓄压器中的高压制动液完全释放，以免高压制动液喷出伤人。（   ）
4. ASR在任何车速范围内均能起作用。（   ）

三、选择题

1. 汽车ABS的轮速传感器最常见的有（   ）。
   A. 电磁感应式　　　　B. 霍尔半导体式　　　　C. 光电式
2. 汽车在制动时，如果汽车的（   ），驾驶员就无法控制汽车的行驶方向；倘若汽车的（   ），则会出现侧滑、甩尾，甚至使汽车整个调头等严重事故。
   A. 前后轮都抱死时　　　　B. 后轮先抱死时　　　　C. 前轮抱死时
   D. 车轮将要抱死时

课题三　汽车转向控制系统

○ [学习任务]

1. 知道什么叫做EPS。
2. 掌握EPS的结构、原理。
3. 知道什么叫做4WS。
4. 掌握4WS的结构、原理。

○ [技能要求]

1. 能够对EPS进行检测。
2. 能够根据EPS、4WS原理推判故障。

任务一　电子控制式电动助力转向系统

一、电子控制式电动助力转向系统分类

EPS（汽车电动助力转向系统）根据助力电动及其动力源的位置可以为成4种类型，见表3-1。

表3-1　电动转向器分类

电动助力转向系统（EPS）	转向柱助力式（C-EPS）	传动轴助力式
	小齿轮助力式（P-EPS）	单轴小齿轮式
		双轴小齿轮式（异轴助力）
	齿条助力式（R-EPS）	电动机轴和齿条轴轴向交叉布置
		电动机轴和齿条轴轴向平行布置
		电动机轴和齿条轴同轴布置（DD-EPS）
	循环球式（S-EPS）	输入轴助力式

助力式EPS的电动机固定在转向柱一侧，通过减速机构与转向轴相连，直接驱

动转向轴进行助力转向。小齿轮助力式EPS的电动机和减速机构与小齿轮相连，直接驱动齿轮助力转向。齿条助力式EPS的电动机和减速机构则直接驱动齿条提供助力。

1. 转向柱助力式（C-EPS）电动转向管柱

转向柱助力式（C-EPS）电动转向管柱的减速机构连同电动机、传感器一起安装在转向传动管柱中间，下端用传动轴与机械转向器相连。该管柱、下传动轴与机械转向器一起构成了转向柱助力式电动转向器装置，如图3-1（a）所示。

2. 小齿轮助力式（P-EPS）电动转向器

小齿轮助力式（P-EPS）电动转向器广泛应用于轿车的小齿轮助力的电动转向器，它的减速机构连同电动机、传感器一起安装在转向器的小齿轮位置，成为一个整体，如图3-1（b）所示。

3. 齿条助力式（R-EPS）电动转向器

齿条助力式（R-EPS）电动转向器，显示的是另一种应用于轿车的齿条助力式电动转向器。它的减速机构连同电动机、传感器一起安装在转向器与小齿轮位置相对布置的另一侧，另有一套小齿轮，与之啮合的同一齿条上也有一齿形，这样组合成为的一个整体，如图3-1（c）所示。

4. 电动机轴和齿条轴同轴布置（DD-EPS）电动转向器

电动机轴和齿条轴同轴布置（DD-EPS）电动转向器，显示的也是另一种应用于轿车的齿条助力式电动转向器。它的结构不同于R-EPS，它的减速机构连同电动机与齿条组成一体，电动机包着齿条，线圈作为转子，采用传统的转向器循环球螺杆螺母结构作为减速器，如图3-1（d）所示。

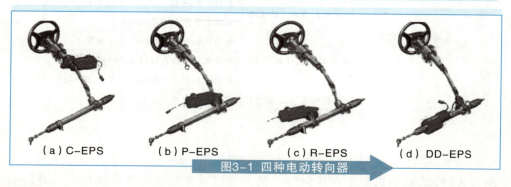

(a) C-EPS　　(b) P-EPS　　(c) R-EPS　　(d) DD-EPS

图3-1 四种电动转向器

二、电子控制式电动助力转向系统组成

电子控制式电动助力转向系统是利用电动机产生的动力协助驾车员进行动力转向，它不再使用液压装置，完全依靠电动机，使转向系统结构更为紧凑。不同车型的电动转向系统有所不同，但结构大体相似。一般都是由转矩传感器、转角传感器、车速传感器、信号控制装置、电动机、电磁离合器、减速机构等组成。

 1. 转矩传感器

转矩传感器检测转向盘转动时产生的转向力矩，并将其转换为电信号。它包括转子和定子两部分，分别安装在转向盘的输入轴和转向小齿轮的输出轴上，如图3-2所示。

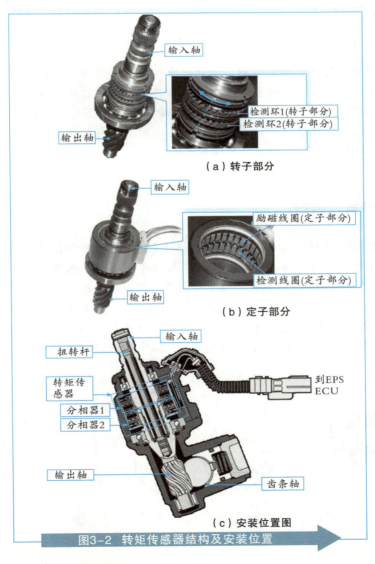

图3-2 转矩传感器结构及安装位置

(1) 转子部分

转子部分由上下两层构成，且均装有转矩传感器。输入轴和输出轴两者上部是钢性连接，由汽车转向盘的转轴即输入轴驱动。其下层转子带动小齿轮推动齿条的平移，驱动转向轮左右转向。

转矩传感器的上层部分由转向盘直接驱动，由于下端没有载荷，所以，它的转动量与转向盘转轴完全同步。但转矩传感器的下层部分带有转向小齿轮（有一定阻力），中间通过细扭转杆驱动，导致下层转子的转动量相对较小，这就造成上、下层转子在机械上会产生相对角位移差。当汽车转向时，在不同的道路条件遇到不同的转向阻力，输入轴与输出轴这两个转轴会产生与转向转矩大小相应的角度差。

(2) 定子部分

定子部分也有上下两层线圈，分别对应转子的上下部。定子线圈部分有两种线圈分布，分别是励磁线圈和检测线圈。其励磁线圈对转子部分的线圈通过电磁感应起励磁作用；检测线圈则将输入/输出轴的上下角差（转向转矩）检测出来，向ECU输送电信号，这个电信号是以定子线圈上的两列正弦波的相位差，反映此时转矩传感器检测到的转矩大小。

2. 转角传感器

转角传感器位于转向盘内部，实物图如图3-3（a）所示，用于计算转向量及方向。

转向传感器信号充当为防滚控制的输入信号。转向传感器使用发光二极管（LED）与感光敏晶体管，以及装置于转向盘内部的传感器A（ST1）与传感器B（ST2）。A开口槽板是安装于感光敏晶体管与LED之间。开口槽板有45个孔，当转向盘转动时会跟着转动。感光敏晶体管是依据穿过开口槽孔的光线来动作，并且会输出数字脉冲信号。电子控制单元（ECM）会使用此信号来辨认转向盘的速度与角度。

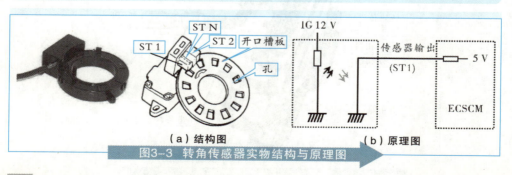

图3-3 转角传感器实物结构与原理图

3. 电磁离合器

图3-4所示为一种电磁离合器的结构示意图，主要由电磁线圈、主动轮、从动轴、压板等组成。

工作时，电流通过滑环进入电磁线圈，主动轮便产生电磁吸力，带花键的压板就被吸引，并与主动轮压紧。于是电动机的输出转矩便经过输出轴→主动轮→压板→花键→从动轮传递给执行机构（蜗轮—蜗杆减速机构）。

电磁离合器的主要功用是保证电动助力只有在预定的车速范围内起作用。当汽车行驶速度超过系统限定的最大值时，电磁离合器便切断电动机的电源，使电动机停转。离合器分离，不起传递转向助力的作用。另外，在不助力的情况下，离合器还能消除电动机的惯性对转向的影响；当该动力转向系统发生故障时，离合器还会自动分离。此时又恢复为手动控制转向。

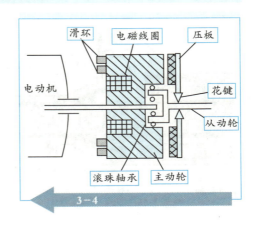

图3-4

4. 电动机

电动机的作用是根据电控ECU的指令输出适当的辅助转矩。目前，采用较多的是永磁式直流电动机，分为有刷式和无刷式两种，图3-5所示为无刷式电动机。

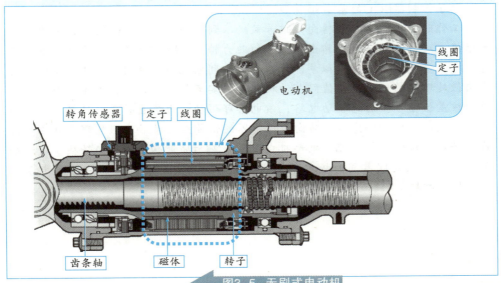

图3-5 无刷式电动机

5. 减速机构

助力电动机转速高、转矩小，必须经由减速机构减速增转矩后驱动转向器。常用的减速机构有蜗杆—蜗轮传动、螺杆—螺母传动、行星齿轮减速、滚珠式齿轮减速机构等。图3-6所示为滚珠式齿轮减速机构。

蜗杆传动装置，以便减小噪声。因此，即使直流电动机断开转向主轴的旋转和不固定减速机构，转向盘仍可以转向。如图3-7所示。

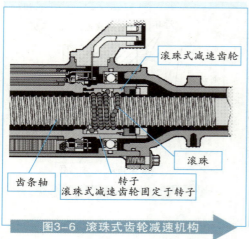

图3-6 滚珠式齿轮减速机构

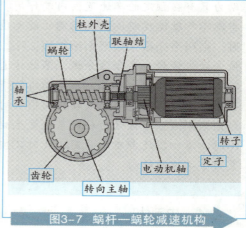

图3-7 蜗杆—蜗轮减速机构

6. 电控ECU

电子控制器ECU的基本组成如图3-8所示。

工作时，转向转矩和转向角信号被输入到中央处理器（CPU），中央处理器根据这些信号和车速计算出最优化的助力转矩。ECU把已计算出来的参数值作为电流命令值转换为模拟量，再将其输入到电流控制电路；电流控制电路把来自微处理器的电流命令值同电动机电流的实际值进行比较，产生一个差值信号。该差值信号被送到驱动电路，该电路可驱动动力装置并向电动机提供控制电流。也即当转矩传感器和转向角传感器的信号经处理后，微处理器就在其内存中寻找与该信号相匹配的电动机电流值，然后将此值进行D/A转换，输送给驱动电路。微处理器同时给电动机驱动电路输出另一个信号，即决定电动机（左转或右转）的转动方向。

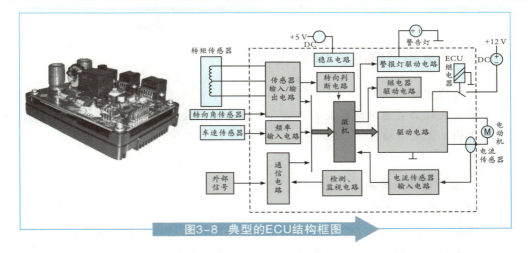

图3-8 典型的ECU结构框图

> 基本工作原理：转向盘转动时，扭矩传感器将检测到转向盘上的扭矩信号和转向信号传给ECU，ECU同时接受车速信号，据此决定助力电动机的基本助力电流，然后一般还生成电动机惯性补偿电流和阻尼补偿电流，总电流作为电动机目标电流，通过ECU内部的电动机驱动电路对电动机进行扭矩控制。

三、电子控制式电动助力转向系统的优点

电子控制式电动助力转向系统的优点如下。

①EPS能在各种行驶工况下提供最佳助力，改善汽车的转向特性，减小由路面不平所引起的对转向系统的扰动，减轻汽车低速行驶时的转向操纵力，提高汽车高速行驶时的转向稳定性，进而提高汽车的主动安全性。

②EPS只在转向时才提供助力，汽车大部分时间正常行驶时电动机并不工作，这样能量消耗很小，因而能减少燃料消耗。而传统的液压助力转向系统（HPS），即使在不转向时，油泵也一直运转，因此能耗较高。

③EPS取消了油泵、皮带、皮带轮、液压软管、液压油及密封件等，其零件比HPS大大减少，因而其质量更小、结构更紧凑，在安装位置选择方面也更容易，并且能降低噪声。

④EPS不存在渗油问题，消除了液压助力中液压油泄漏问题，可大大降低保修成本，减小对环境的污染，改善了环保性。

⑤EPS比HPS具有更好的低温工作性能。

⑥由于直接由电动机提供助力，电动机是由蓄电池供电。因此，EPS能否助力与发动机是否运转无关，即使在发动机熄火时也能提供助力。

⑦装配性好，易于布置，由于EPS主要部件（电动机、减速器、传感器、ECU等）可集成在一起，便于整车布置和装配。

四、电子控制式电动助力转向系统故障案例

案例1 三菱轿车电控助力转向故障

1. 故障现象

轿车的转向装置时常失效而停驶。检查时发现故障警告灯点亮,变为常规转向机构(无电动助力),完全处于保险状态。

2. 故障诊断及排除

(1)进行自诊断操作

将LED灯接在诊断插座的2号端子与搭铁之间,接通点火开关后,LED灯显示出故障代码41、42,故障代码显示故障与电动机有关。

(2)再现试验

确知故障代码后,首先把蓄电池负极接铁线拆下30 s以上,即清除故障代码后,再重复第一项操作方法,故障码又重复显示,即证明电动机确有故障。

(3)故障码41的检查

①拆下电动机导线插接器,检查电动机的两接线端子之间和端子与接地(外壳)之间的导通状态。用万用表电阻挡测试电动机两接线端子之间的电阻,电动机两接线端子之间的电阻为导通状态。用万用表电阻挡测试电动机接线端子与接地(外壳)之间的电阻,电动机接线端子与接地(外壳)之间不通。

②因电动机及其接线端子均正常,故检查转向器总成到ECU之间的导线是否良好(用手晃动导线插接器固定是否松动),结果发现导线有虚连现象。

(4)故障码42的检查

①启动发动机,用1 r/s以下的转度转动转向盘观察故障码是否再现,结果故障码42再现。这表明故障是由转矩传感器异常造成的,或者是转向电动机总成异常造成的。

②检查转矩传感器与ECU之间的导线与线束插接器是否连接正常。更换转矩传感器后,启动发动机,用1 r/s以下的转度转动转向盘观察故障码是否再现,结果故障码42再现。

③更换转向电动机总成,启动发动机,用1 r/s以下的转度转动转向盘观察故障码是否再现,结果故障码42不再出现,则表示故障排除。

案例2 昌河北斗星轿车电动助力转向故障

1. 故障现象

助力转向功能失效，转速表无显示。

2. 故障诊断及排除

首先打开点火开关，观察组合仪表上的电动助力转向系统故障指示灯，指示灯大约亮2s后，自动关闭，说明电动助力转向系统电源电路及电动助力转向系统故障指示灯控制电路基本正常。拆下杂物箱，取出诊断端子（监控器耦合器端子），用导线连接诊断开关接头"A"和接地接头"B"进行故障自诊断。启动发动机后，观察电动助力转向系统故障指示灯闪烁故障代码DTC22，其内容为"发动机转速信号故障"。

先打开点火开关，观察组合仪表上的电动助力转向系统故障指示灯，指示灯大约亮2s后，自动关闭，说明电动助力转向系统电源电路及电动助力转向系统故障指示灯控制电路基本正常。拆下杂物箱，取出诊断端子（监控器耦合器端子），用导线连接诊断开关接头"A"和接地接头"B"进行故障自诊断。启动发动机后，观察电动助力转向系统故障指示灯闪烁故障代码DTC22，其内容为"发动机转速信号故障"。

DTC22故障码所指故障范围如下：

① 转速信号输入助力转向控制模块电路存在断路。

② 电动助力转向控制模块本身存在故障。

由电路图进一步分析，电动助力转向控制模块接收的转速信号由点火线圈的点火信号提供，通过抑噪器分别输送到电动助力转向控制模块和组合仪表上。根据故障现象，用万用表测量抑噪器的输入电压端、接地端、点火信号输入端及点火信号输出端。测量发现，抑噪器无点火信号输出，更换抑噪器，助力转向系统恢复正常；转速表也显示正常。关闭点火开关，拆除电瓶负极端子30s后，故障码DTC22清除；电动助力转向系统故障输出正常代码DTC12，故障排除。

3. 故障分析

转向电动机总成异常与转向电动机总成到ECU之间的导线有虚连现象是引发此故障的原因。当转向电动机总成到ECU之间的导线有虚连现象时，ECU向电动机和电磁离合器发出控制指令(电信号)不能有效地到达电动机，从而使电动机无法正常工作。

任务二 四轮转向

一、四轮转向系统用途

汽车的四轮转向（简称4WS）是指汽车在转向时，4个车轮都可相对车身主动偏转，使之起到转向作用，以改善汽车的转向机动性能。

四轮转向主要有两种方式：当后轮转向与前轮转向方向相同时称为同向位转向；当后轮转向与前轮转向方向相反时称为异向位转向。

在汽车低速行驶时，依靠异向转向（前、后车轮的转角方向相反），获得较小的转向半径，改善汽车的操纵性。如图3-9（a）所示。

在汽车中、高速行驶时，依靠同向转向（前、后车轮的转角方向相同），减小汽车的横摆运动，使汽车可以利用高速变换行进路线，提高转向时的操纵稳定性，如图3-9（b）所示。

（a）异向转向　　（b）同向转向

图3-9 4WS示意图

二、四轮转向系统分类

四轮转向系统也称4WS系统。根据控制方式的不同，4WS系统可分为转向角比例控制式4WS系统与横摆角速度比例控制式4WS系统。

1. 转向角比例控制式4WS系统

转向角比例控制就是使后轮的转角与转向盘的转角成比例变化，并使后轮在汽车以低速行驶时相对于前轮反向转向；在汽车以中高速行驶时，相对于前轮同向转向。

转向角比例控制式4WS系统的组成如图3-10所示。前、后转向机构通过连接轴连接。当转向盘转动时，其运动首先传递到前转向齿轮箱（齿轮齿条式）中的齿条。齿条一方面带动前转向横拉杆左右移动，使前轮产生偏转；另一方面又通过输出小齿轮、连接轴、输入小齿轮把转向盘的转动传递给后向齿轮箱。

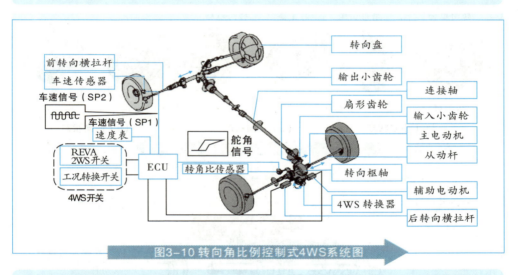

图3-10 转向角比例控制式4WS系统图

后转向齿轮箱中的转向枢轴实际上是一个大轴承，如图3-11所示。其外套与扇形齿轮做成一体，可绕转向枢轴左右回转中心左右倾转。内套与一个突出在从动杆上的偏置轴相连。从动杆可在4WS转换器电动机的驱动下，以从动杆回转中心为轴正、反向运动，并可使偏置轴在转向枢轴内上、下旋转约55°。与连接座相连的输入小齿轮向左或向右转动时，旋转力就传到扇形齿轮上，扇形齿轮带动转向枢轴、偏置轴使从动杆左右摆动。从动杆的左右摆动又使后转向横拉杆移动，从而带动后转向节臂转动，使后轮转向。偏置轴与转向枢轴的工作原理如图3-12所示。当偏置轴的前端与转向枢轴从左右旋转中心一致时，即使让转向枢轴左右倾转，从动杆也完全不动，此时后轮处于中间状态。当偏置轴的前端位于转向枢轴左右旋转中心的上方或下方，并有一定的错位时，转向枢轴的左右倾转就会使从动杆产生一定的位移量，从而使后轮可以相对于前轮转动。例如，当偏置轴的前端处于转向枢轴左右旋转中心的上方时，从动杆被带动向左移动，则后轮相对于前轮反向转动；当偏置轴的前端处于转向枢轴左右旋转中心的下方时，从动杆被带动向右移动，则后轮相对于前轮同向转动。

4WS 转换器的结构如图3-13所示。该转换器由主电动机与辅助电动机组成的驱动部分、行星齿轮机构组成的减速部分以及驱动从动杆回转的蜗轮—蜗杆机构所构成的。

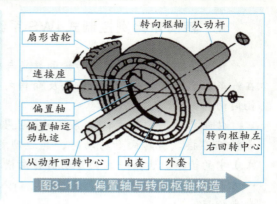

图3-11 偏置轴与转向枢轴构造

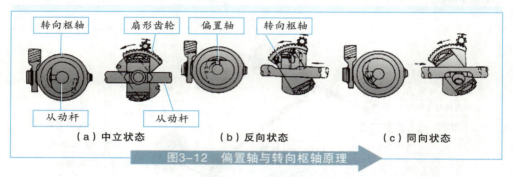

图3-12 偏置轴与转向枢轴原理

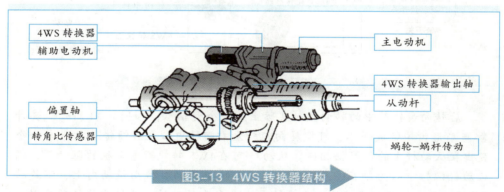

图3-13 4WS 转换器结构

其中行星齿轮机构中的太阳轮与辅助电动机的输出轴相连，行星架与主电动机输出轴相连，齿圈与4WS 转换器的输出轴相连。由于在一般情况下，主电动机工作，而辅助电动机停止不工作。故与辅助电动机输出轴相连的太阳轮通常被固定，而与主电动机输出轴相连的行星架则作为主动件转动，带动齿圈与4WS 转换器输出轴转动。当主电动机不工作时，辅助电动机工作，它直接带动齿圈与4WS 转换器输出轴转动。这样，4WS 转换器输出轴就可以通过蜗轮—蜗杆传动带动从动杆转动。转角比传感器的结构原理如图3-14所示。

它的功用是利用滑动电阻器把反映从动杆（位于后转向齿轮箱中）回转角

度变化的模拟信号电压输入ECU，作为ECU进行转向角比例控制的基本信号。

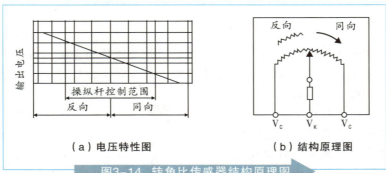

图3-14 转角比传感器结构原理图

2. 横摆角速度比例控制式4WS系统

横摆角速度比例控制是一种能根据检测出的车身横摆角速度来控制后轮转向量的控制方法。它与转向角比例控制相比，具有两个方面的优点：一是它可以使汽车的车身方向从转向初期开始就与其行进方向保持高度一致（只有极小偏差）；二是它可以通过检测车身横摆角速度感知车身的自转运动。因此，即使有转向以外的力（如横向风等）引起车身自转，也能马上感知到，并可迅速通过对后轮的转向控制来抑制自转运动。

横摆角速度比例控制式4WS系统的组成如图3-15所示。后轮转向机构通过转换控制阀油路可以实现后轮转向。后轮转向角由两部分合成，一部分是大转角控制产生的后轮转向角(最大角度为5°)，一部分是小转角控制产生的后轮转向角(最大角度为1°)。大转角控

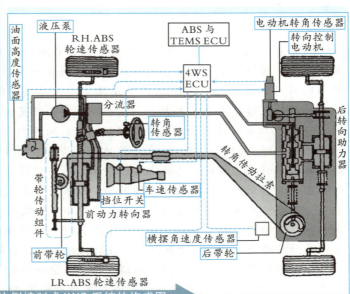

图3-15 横摆角速度比例控制式4WS系统的构成图

制与前轮转向连动，通过传动拉索完成机械转向；小转角控制与前轮转向无关，通过脉动电动机完成电控转向。

▶（1）前轮转向机构

前轮转向机构如图3-16所示。转向盘的转动可传到齿轮—齿条副上，随着齿条端部的移动又使控制齿条左右移动，并带动小齿轮转动。由于前带轮与小齿轮做成一体，故前带轮亦随小齿轮一起进行正反方向地转动。同时前带轮的转动又通过转角传动拉索传递到后轮转向机构中的后带轮上。控制齿条存在一个不敏感行程，转向盘左右约250°以内的转角正好处于此范围内。因此，在此范围内将不会产生与前轮连动的后轮转向，由于高速行驶时转向盘不可能产生这样大的转角，所以，当汽车高速行驶时，后轮仅由脉动电动机控制转向。

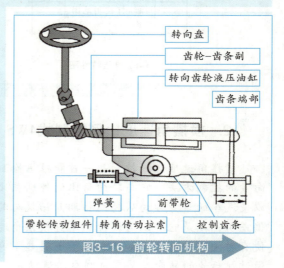

图3-16 前轮转向机构

▶（2）后轮转向机构

后轮转向机构如图3-17所示。在机械转向时，转角传动拉索的行程变化被传递到后带轮。由于控制凸轮与后带轮被制成一体，故此时控制凸轮随后带轮一同转动，拉动凸轮推杆沿凸轮轮缘运动，使阀套筒左右移动。当转向盘向左转动时，后带轮向右转动，此时控制凸轮轮缘是向半径减小的方向转动，将凸轮推杆拉出，使阀套筒向左边移动。当转向盘向右转动时，与上述相反，控制凸轮轮缘是向半径增大的方向转动，把凸轮推杆推向里面，使阀套筒向右边移动。来自液压泵的压力油油路根据阀套筒与滑阀的相对位置进行切换。当转向盘向左转动时，阀套筒向左方移动，把来自液压泵的压力油输进液压缸的右室，驱动功率活塞向左移动。此时，与功率活塞做成一体的液压缸轴就被推向左方，带动后轮向右转向。相反，当转向盘向左转动时，功率活塞被推向右方，带动后轮向左转向。由此可见，在机械转向时，后轮都是反向转向。

在电动转向时，阀套筒固定不动。此时，由脉动电动机通过驱动阀控制杆的左右摆动控制滑阀左右移动，从而引起功率活塞的左右运动，其动作原理

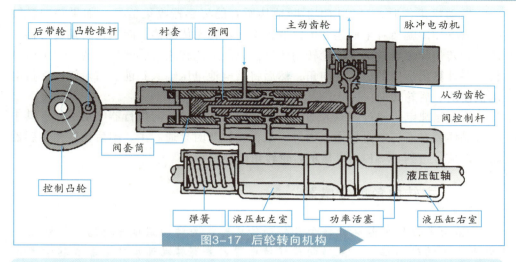

图3-17 后轮转向机构

与上述机械转向时一样。由于脉动电动机是根据ECU的指令进行正、反向转动的，因此，它完成的后轮转向与前轮转向无关。

三、四轮转向系统组成结构

4WS系统按照后轮转向机构和驱动方式的不同，电控四轮转向可分为电控机械式、电控液压式和电控电动式。这里主要介绍电控电动式。电控电动式4WS主要由后轮转向执行器和各种输入传感器组成。电子式4WS系统结构图如图3-18所示。

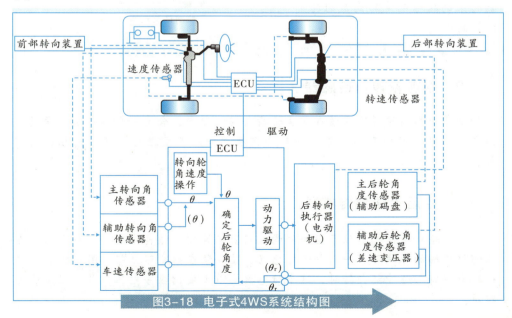

图3-18 电子式4WS系统结构图

发动机工作时，4WS ECU不断地从所有的传感器收集信息。如果转向盘转动，4WS ECU就会对车辆速度传感器、主前轮转角传感器、副前轮转角传感器、主后轮转角传感器、副主后轮转角传感器以及后轮转速传感器传来的信息进行分析，并计算出适当的后轮转向角，然后将蓄电池电压输入到前、后轮转向执行电动机使前、后轮转向。

蓄电池电压通过两只大功率晶体管输送到后轮转向执行器电动机处。其中一只晶体管在右转弯时导通，而另一只在左转弯时导通。主、副后轮转角传感器将反馈信号送到4WS ECU以显示后轮转角已被执行。

 1. 主转向角度传感器

转向角度传感器也称转向盘转动传感器。主转向角度传感器安装在组合开关下方的转向柱上。主转向角度传感器内装有转动速度传感器和转向盘方向传感器。转向角度传感器包含一排在传感器下方转动的、变换极性的磁铁（图3-19）。当转向盘转动时，转动速度传感器向控制单元发送与转向盘转速和前轮转角相关的信号。

转向盘方向传感器包含一只绕转向柱的环形磁铁。这只磁铁有一个北极，也有一小部分是南极。ECU利用方向传感器传来的信号确定转向盘的转动方向。

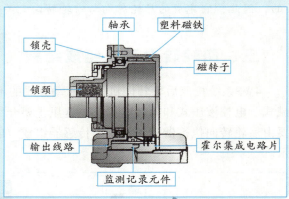

图3-19 含有转动速度传感器和方向传感器的主转向角度传感器

 2. 副前轮转角传感器

副前轮转角传感器安装在前齿轮齿条转向器内，含有一个与副后轮角度传感器十分相似的锥形轴。副前轮转向传感器向ECU发送与前转向角相关的信号。

 3. 主后轮转角传感器

主后轮转角传感器位于后轮转向执行器的左侧。该传感器含有一个随循环球螺杆旋转的脉冲环。一只电子传感器直接安装在脉冲环上部（图3-20）。当循环球螺杆与脉冲环旋转时，这个传感器向ECU发出数字电压信号，显示后轮转角。

4. 副后轮转角传感器

副后轮转角传感器安装在后轮转向执行器上与主后轮转角传感器相反的一侧。副后轮转角传感器含有一只连接在齿条轴上的锥形轴（图3-21）。这只锥形轴与齿条一同水平移动。一根在副后轮转角传感器上的插棒与锥形轴锥面接触。当锥形轴水平移动时，锥面使传感器插棒来回运动。这根插棒的运动使传感器产生模拟电压信号，将转角信息传送到ECU。

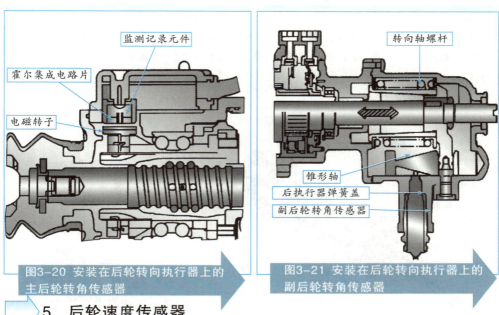

图3-20 安装在后轮转向执行器上的主后轮转角传感器

图3-21 安装在后轮转向执行器上的副后轮转角传感器

5. 后轮速度传感器

后轮速度传感器安装在每个后轮上。这些传感器与ABS ECU以及4WS系统相连接。每一只后轮毂上安有一只带槽的环，轮速传感器就直接安装在这些环的上方（图3-22）。这些传感器包括一只绕有线圈的永久磁铁。当后轮转动时，带槽的环上的齿经过传感器，这样就在传感器内产生电压。

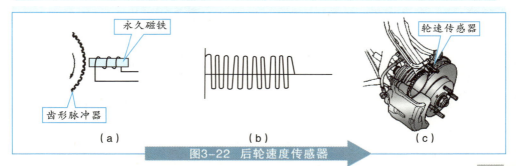

图3-22 后轮速度传感器

6. 车速度传感器

车速度传感器将与车辆速度相关的电压信号送到4WS ECU。这个车辆速度信息也被送到自动变速器ECU。

7. 后轮转向执行器

后轮转向执行器可以与电动转向器相似,转向执行器通过拉杆与后轮转向臂和转向节相连。执行器包含一个通过球螺杆机构驱动转向齿条的电动机(图3-23)。执行器内的回位弹簧在点火开关关闭时或4WS系统失效时将后轮推回直线行驶位置。执行器的顶端装有一个主后轮转角传感器和一个副后轮转角传感器。

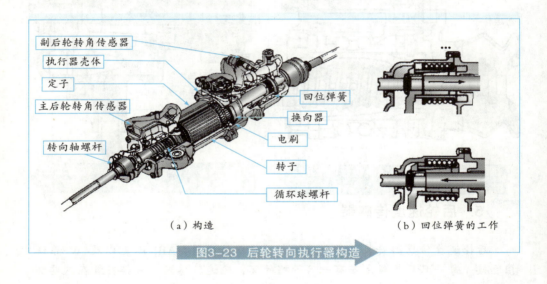

(a)构造　　　　　(b)回位弹簧的工作

图3-23 后轮转向执行器构造

课题小结

1. 电子控制式电动助力转向系统根据转向动力源不同可分为液压式电子控制式电动助力转向系统和电动式电子控制式电动助力转向系统。

2. 电子控制动力转向系统一般都具有故障自诊断功能,以监测、诊断系统的工作情况。当系统出现故障时,ECU将其故障信息以代码形式显示出来,以使维修人员快速、准确地判断出故障类型及故障部位。

3. 四轮转向系统也称4WS系统。根据控制方式的不同,4WS系统可分为转向角比例控制式4WS系统与横摆角速度比例控制式4WS系统。

思考与练习

一、填空题

1. 汽车4WS的功能主要是确保车辆良好的_____和_____,有效控制车辆转向的运动特性,以充分保证车辆的操纵稳定性。

2. 汽车4WS系统中,在车速较低或转向盘转角很大时,后轮的转向与前轮_____,当车辆行驶速度较高或转向盘转角很小时后轮的转向与前轮_____。

二、判断题(对的打"√",错的打"×")

1. 汽车4WS系统中,只有一个主后轮转角传感器。   (   )
2. 汽车4WS系统中,主后轮转角传感器向ECU发送模拟电压信号。   (   )
3. 汽车4WS系统中,副后轮转角传感器向ECU发送模拟电压信号。   (   )

三、选择题

四轮转向的汽车当车速低于(   )km/h时如果转向盘转动,后轮会立即与前轮相反的方向转动。

A.20   B.29   C.35

四、简答题

简述汽车4WS ECU的工作过程?

课题四 电子悬架

● [学习任务]

1．简单叙述电子控制悬架的作用、要求、组成与工作原理和典型汽车电子控制悬架故障诊断与检修方法；

2．正确描述电子控制悬架各传感器的功能。

● [技能要求]

1．能够安全正确检修各传感器；

2．能正确使用检测设备对传感器性能和控制电路进行检查。

任务　电子控制悬架

一、电子控制悬架的分类

根据控制形式不同分为被动式悬架、主动式悬架。主动式悬架又称电控悬架。

被动式悬架是指汽车在行驶中无法依据路面状况随时调节汽车悬架的刚度和阻尼来获得最佳性能。

主动式悬架可以根据路面和行驶工况动态地自适应调节悬架的刚度和阻尼，使悬架系统始终保持最佳状态。主动悬架按其是否包含动力源，可分为有源主动悬架即全主动悬架和无源主动悬架即半主动悬架。

 1．主动悬架

主动悬架系统由电子控制装置和可调式悬架组成，电子控制装置又包括信号输入装置（传感器）、ECU（控制器）、执行机构三部分（图4-1）。

课题四 电子悬架   任务 电子控制悬架

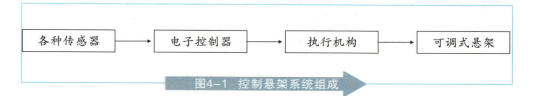

图4-1 控制悬架系统组成

电子控制主动空气悬架系统配置如图4-2所示。全主动悬架系统示意图如图4-3所示。下面以丰田凌志LS400轿车为例,介绍电子控制空气悬架系统的结构组成。

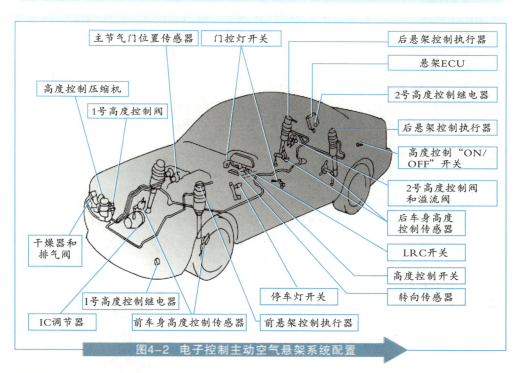

图4-2 电子控制主动空气悬架系统配置

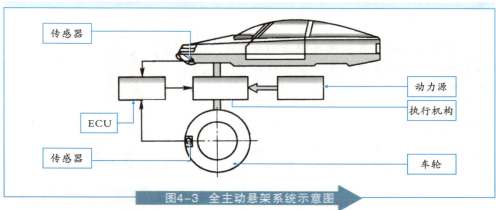

图4-3 全主动悬架系统示意图

（1）传感器

电子控制悬架系统所用的传感器见表4-1。

表4-1 用于电子控制悬架系统的传感器

传感器名称	传感器用途
车身加速度传感器	检测车身的振动，可间接反映汽车行驶的路面情况
车身位移传感器	检测车身相对车桥的位移，可反映车身的平顺性和车身的高度
车速传感器	检测车轮的转速，反映车速和用于计算车身侧倾程度
转向盘转角传感器	检测转向盘的转角，用于计算车身侧倾程度
制动压力开关	检测制动管路的制动液压力，提供汽车制动信号
制动灯开关	检测制动灯电路的通断，提供汽车制动信号
节气门位置传感器	检测节气门的开度，提供汽车加速度信号
加速踏板传感器	检测加速踏板的动作，提供汽车加速信号
模式选择开关	手动选择"软"或"硬"两种模式

（2）控制器及执行机构

控制器又称悬架微机，是由微处理机和传感器电源电路、执行器的驱动电路及监控电路等组成。电子控制悬架系统的控制器将传感器送入的电信号进行综合处理，输出对悬架的刚度、阻尼及车身高度进行调节的控制信号。

电子控制悬架系统的执行机构按照电子控制器的控制信号，准确地动作，及时地调节悬架的刚度和阻尼系数及车身的高度。通常所用的执行元件是电磁阀和步进电动机及气泵电动机等。

（3）可调式悬架

可调式悬架可在控制器输出指令的控制下，实现悬架刚度、阻尼及车身高度的调节。

可调式悬架有空气式悬架、油气式悬架和液压式主动悬架3种。目前，我国进口汽车中使用较多的为空气式悬架。图4-4所示为一种空气式悬架。

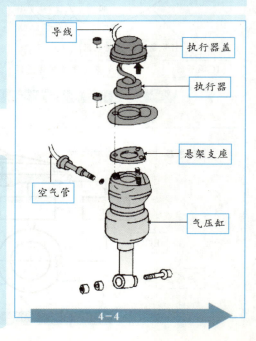

4-4

主动悬架控制包括以下3方面：车速与路面感应控制；车身姿态控制；车身高度控制。

1）车速与路面感应控制

车速与路面感应控制随着车速和路面的变化，改变悬架的刚度与阻尼，使之处于低、中、高3种状态。

①高速感应。高速行驶时，控制模块输出控制信号，使悬架的刚度和阻尼相应增大，提高操纵稳定性。

②前后车轮关联感应。汽车遇到路面引起前轮的凸起时，控制模块输出控制信号，相应减小后轮悬架的刚度和阻尼，减小车身振动与冲击。

③不良路面感应。当汽车进入不良路面行驶时，为抑制车身产生大的振动，控制模块输出控制信号，相应增大悬架的刚度和阻尼。

2）车身姿态控制

车身姿态控制是指汽车在车速突然改变及转向时，会造成车身姿态的急剧改变。既降低了汽车的乘坐舒适性，又由于车身的过度倾斜容易使汽车失去稳定性。车身姿态控制包括以下3个方面。

①转向时车身的倾斜控制。汽车急转弯，驾驶员急打转向盘时，转向传感器将转向盘的转角和转速电信号输入悬架ECU，悬架ECU经过计算分析向悬架执行元件输出控制信号，增大或减小相应悬架的刚度和阻尼，抑制车身的倾斜。

②制动车身点头控制。汽车紧急制动时，车速传感器将车速信号和制动开关的信号输入ECU，悬架ECU经过计算分析后输出控制信号，增大悬架的刚度和阻尼，抑制车身的点头。

③起步车身抬头控制。汽车突然起步或加速时，车速传感器的车速信号和节气门开度传感器的信号输入悬架ECU，悬架ECU经过计算分析后增加悬架的刚度和阻尼的控制信号，抑制车身的抬头。

3）车身高度控制

车身高度控制是在汽车行驶车速和路面变化时，悬架ECU对执行元件输出控制信号，调节车身高度，以保证汽车行驶稳定性和通过性。

车身高度有两种控制模式，即"NORM"和"HIGH"。每种模式又有低、中、高3种状态。在"NORM"模式时，车身常处于"低"状态；在"HIGH"模式时，车身常处于"高"状态。

①高速感应控制。当车速为90~120 km/h时，为提高汽车的行驶稳定性和减少空气阻力，控制器输出控制信号，降低车身高度；当车速低于60 km/h时，汽车恢复原有高度。

②连续不良路面行驶控制。汽车在连续颠簸不平的路面行驶，车身高度传感器连续2.5 s以上输出大幅度的振动信号，如果车速为40~90 km/h，悬架ECU就会输出控制信号，提高车身，减弱来自路面的突然起伏感，提高汽车的通过性能；但如果此时的车速在90 km/h以上时，悬架ECU会输出控制信号，降低车身高度，保证汽车行驶稳定性。

2. 半主动悬架

半主动悬架用可控阻尼的减震器取代执行器。可调阻尼减震器结构图如图4-5所示。不需要考虑改变悬架的刚度，只考虑改变悬架阻尼的悬架系统，半主动悬架由无动力源且可控的阻尼元件（减震器）和支持悬架质量的弹性元件组成。减震器通过调节阻尼力来控制所耗掉的能量。半主动悬架系统示意图如图4-6所示。

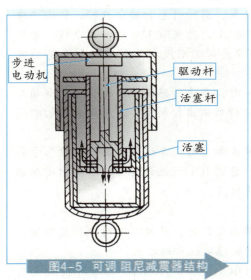

图4-5 可调阻尼减震器结构

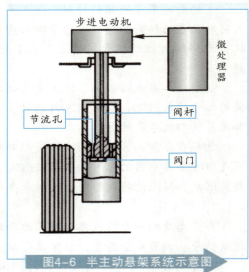

图4-6 半主动悬架系统示意图

半主动悬架按阻尼级别分为有级式和无级式两种。

（1）有级式半主动悬架

有级式半主动悬架是将悬架系统中的阻尼分成两级、三级或更多级，可由驾驶员选择或根据传感器信号自动进行选择需要的阻尼级。也可以根据路面状况好坏和汽车行驶状态（转弯或制动）等，调节悬架的阻尼级，使悬架适应外界环境的变化，从而可较大幅度地提高汽车的行驶平顺性和操纵稳定性。

▶（2）无级式半主动悬架

无级式半主动悬架是根据汽车行驶路面状况和行驶状态，对悬架系统的阻尼在瞬间由最小变到最大进行无级调节。阻尼的改变一般是通过控制步进电动机驱动可调阻尼减震器中的有关部件，改变阻尼孔的大小实现的。当步进电动机带动驱动杆转动时，就改变了驱动杆与空心活塞的相对角度，从而改变减震器阻尼孔截面积，使减震器的阻尼发生变化。

3. 半主动悬架系统控制原理

半主动悬架控制模型图如图4-7所示。半主动悬架系统通常以车身振动加速度的均方根值作为控制目标参数，以悬架减震器的阻尼为控制对象。半主动悬架的控制模型是在悬架微机中，事先设定了一个目标控制参数σ，它是以汽车行驶平顺性最优控制为目的设计的。汽车行驶时，安装在车身上的加速度传感器产生的车身振动加速度信号经整形放大后输入ECU，ECU立刻计算出当前车身振动加速度的均方根值σ_i，并与设定的目标参数σ比较，根据比较结果输出控制信号。

如果是$\sigma=\sigma_i$，控制器不输出调整悬架阻尼控制信号。

如果是$\sigma<\sigma_i$，控制器输出增大悬架阻尼控制信号。

如果是$\sigma>\sigma_i$，控制器输出减

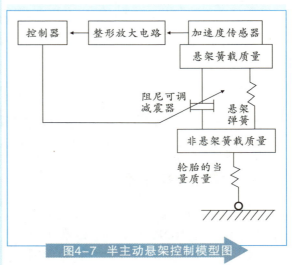

图4-7 半主动悬架控制模型图

二、电子控制悬架的组成

电子控制悬架系统由传感器、控制器和执行机构组成。电子控制悬架系统能自动控制车辆悬架的刚度、阻尼系数及车身高度根据汽车载重量、车速和路面情况的变化而改变悬架特性，因此，可最大限度地提高汽车的行驶平顺性和操纵稳定性，适应了现代汽车对乘坐舒适性、行车安全性更高的要求。

汽车安全舒适系统原理与维修

电子控制悬架由悬架控制开关、制动灯开关、节气门位置传感器、车速传感器、转向盘转角传感器、车身高度传感器、悬架ECU、高度控制电磁阀以及空气悬架等装置组成。

主动空气悬架系统的工作原理如图4-8所示。

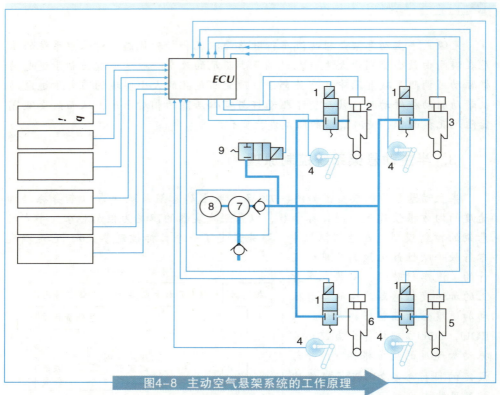

图4-8 主动空气悬架系统的工作原理

1—空气控制电磁阀气悬架；2—右前空气悬架；3—左前空气悬架；4—车身高度传感器；5—左后空气悬架；6—右后空气悬架；7—干燥器；8—空气压缩机；9—排气电磁阀

1. 模式选择开关

模式选择开关位于驾驶座（变速杠）旁边，设有"NORMAL"（标准）或"SPORT"（运动）两种模式，由于驾驶员根据行驶条件进行选择，从而确定悬架刚度和减震器阻尼力或车身高度的调节模式。

丰田凌志LS400轿车电子控制悬架系统的模式选择开关有LRC开关和高度控制开关组成（图4-9）。

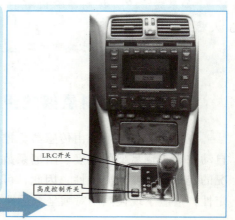

图4-9 模式选择开关

LRC开关可以选择悬架的刚度和阻尼力,当LRC开关处于"SPORT"位置时,系统进入"高速行驶(硬状态)自动控制",当LRC处于"NORMAL"位置时系统对悬架刚度和阻尼力进行"常规值自动控制"。此时悬架ECU根据车速传感器信号,使悬架刚度、阻尼力自动处于软(SOFT)、中(MEDIUM)、后硬(FIRM)3种状态。

高度控制开关可以选择控制车身,当该开关处于"HIGH"(高)位置时,系统对车身高度进行"高值自动控制";当该开关处于"NORMAL"(正常)位置时,车身高度则进入"常规值自动控制"状态。

2. 空气悬架开关

空气悬架开关又称为高度控制"ON/OFF"开关或车高控制通/断开关,位于行李箱的右侧或左侧,如图4-10所示。其作用是接通或断开悬架ECU的电源。将它置于接通(ON)位置时,悬架系统可进行车身高度控制;将它置于断开(OFF)位置时,系统不执行车身高度控制。在顶起或吊起汽车、拖动汽车、跨接起动之前,必须先将该开关置于断开(OFF)位置,否则可能造成人身伤害、零部件损坏和不必要的维修操作。

图4-10 空气悬架开关(高度控制)

3. 制动灯开关

制动灯开关用于检测汽车是否进行制动,向ECU提供汽车制动信号,以便据此产生抑制车身点头的信号。

4. 节气门位置传感器

节气门位置传感器安装在节气门体上,它向ECU提供有关节气门位置的有关电信号。通过TPS,悬架ECU可以知道节气门打开的大小、是否开启或关闭以及开关的速度。悬架ECU根据节气门开度信号和车速信号进行防后座控制并在汽车加速时和满载荷时供给必要的较小的空燃比。

5. 车速传感器

车速传感器通常安装在变速器输出轴附近的壳体上，用于检测汽车的行驶速度，并将信号传给ECU，作为防后坐、防侧倾、防点头控制和高速控制的一种装置。

6. 转向盘转角传感器

转向盘转角传感器安装在转向轴上，其作用是检测转向盘的转角信号，从而得到转向盘位置、转向盘转向速率两个转向程度信息。

转角传感器安装位置与结构如图4-11所示。在压入转向轴的遮光盘上有一定数量的窄槽，遮光盘的两端分别有两个发光二极管（LED）和两个光敏三极管，组成两对信号发生器。转动转向盘时，转向轴带动遮光盘旋转，转到窄槽处时，光敏三极管感受到LED发出的光，就会输出"ON"信号；当遮光盘转到除窄槽以外的其他位置时，光敏三极管感受不到LED的光线，就会输出"OFF"信号。悬架ECU根据两个光电耦合器输出的ON/OFF转换的速度，检测转向轴的转向速度。

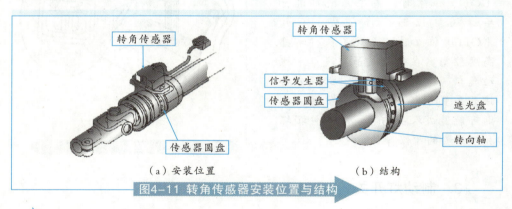

图4-11 转角传感器安装位置与结构

7. 车身高度传感器

车身高度传感器把车身与车桥之间的相对位置变化量转换为电信号送给悬架ECU。高度传感器的一端与车架连接、另一端装在悬架系统上。车身高度传感器安装位置及工作状态如图4-12所示。

车身高度传感器用来把车身高度的变化（悬架的位移变形量）转变成传感器轴的转角，并检测出旋转角度，把它转变成电信号输入ECU。ECU根据汽车载荷的大小，通过执行元件，随时调节车身高度，保持车身高度基本不随载荷的变化而变化，还可以在汽车起步、转向、制动，以及前、后、左、右车轮载荷相应变化时，调整车轮悬架刚度，提高汽车抗俯仰、抗侧倾的能力，维持车身高度基本不变。光电式车身高度传感器的外形和结构图如图4-13所示。

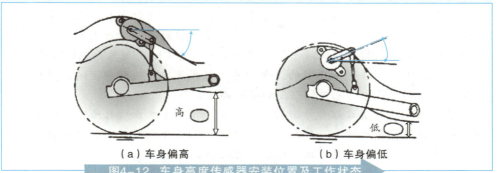

图4-12 车身高度传感器安装位置及工作状态

工作原理：在光电式车身高度传感器的内部，有一个靠连杆带动的传感器轴，在传感器轴上固定一开有许多窄槽的圆盘。遮光器由LED和光敏三极管组成，圆盘的转动可使遮光器的输出进行ON/OFF转换，并把ON/OFF转换信号通过信号线输入悬架ECU，依靠这种ON/OFF转换，悬架ECU装置可以检测出圆盘的转动角度。当车身高度发生变化时，悬架变形量即发生变化，圆盘在传感器轴带动下转动，从而使悬架ECU检测出车身高度的变化。图4-14所示为光电式车身高度传感器的工作原理。

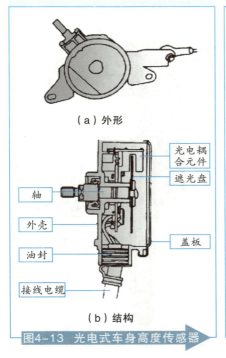

图4-13 光电式车身高度传感器

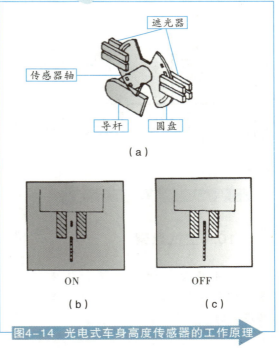

图4-14 光电式车身高度传感器的工作原理

8. 悬架ECU

悬挂ECU是由数字电路构成，各传感器传来的信号经输入电路整形变换后以数字信号的形式经输入电路送入悬架ECU，ECU经过计算后输出控制信号。控制信号有变换减震器阻尼力和空气弹簧刚度的执行器信号及表示阻尼力和空气弹簧刚度状态的指示器驱动信号，这些信号从悬架ECU经输出电路输出。

悬架ECU根据各种传感器的信号和悬架模式选择开关所确定的工作模式，控制减震器的阻尼力、悬架的刚度和车身高度。

悬架ECU还具有故障自诊断功能，当电子控制系统出现故障时，ECU将以故障码的行驶存储故障，并使指示灯点亮。ECU还具有对系统的保护功能，即在控制系统出现故障时暂时切断对悬架的控制。

9. 高度控制电磁阀

按照悬架ECU的信号，高度控制阀控制压缩空气流进或流出可充气气缸。1号高度控制阀控制前悬架，两个电磁阀分别控制左、右侧的可充气气缸；2号高度控制阀控制后悬架，也有两个电磁阀，但它们不能单独操作。为了防止空气管路中产生不正常的压力，2号高度控制阀中有一个溢流阀，如图4-15所示。

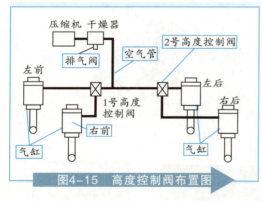

图4-15 高度控制阀布置图

10. 空气悬架

空气悬架由空气弹簧、减震器、空气管路和执行器等组成，其构造如图4-16所示。

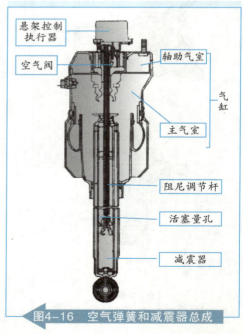

图4-16 空气弹簧和减震器总成

三、电子控制悬架的控制

电子控制悬架系统ECU根据各个传感器的信号，进行下列控制。

①电子控制悬架系统中，悬架系统的刚度和阻尼有"NORM"(软)和"SPORT"(硬)两种模式，每种模式下按照刚度与阻尼的大小依次又有低、中、高3种状态。"NORM"和"SPORT"模式可以通过手动开关选择，也有的悬架系统是由控制模块通过计算后决定。一旦模式选定后，就由悬架ECU根据各种传感器的输入信号在低、中、高3种状态间自动调节刚度和阻尼系数。

②一般汽车减震器在硬阻尼状态下会获得较好的汽车高度控制，软阻尼状态下会获得更好的乘坐舒适性。此外，在紧急制动、加速、减速、高速行驶和路面崎岖不平时，需要使减震器工作在硬阻尼状态下工作。

1. 防车尾下坐控制

这个控制是用来防止车辆启动或迅速加速时发生的车辆后端下坐，如图4-17所示。

当ECU判断车速在20 km/h以下，且ECU根据节气门位置传感器的信号判断节气门开度较大或正突然打开时，ECU使电流从其"SOL"端子流出，将执行器设置在"硬"位置。并在约3 s后或车速达到50 km/h时，取消防车尾下坐控制。电流从端子"S+"或"S-"流至执行器，这就使减震力恢复到原来的设置。

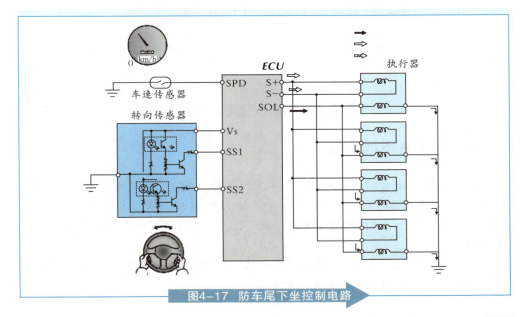

图4-17 防车尾下坐控制电路

2. 防侧倾控制

防侧倾控制是用来限制转弯时或在弯路行驶时的车身侧倾，如图4-18所示。

ECU根据"SPD"端子收到的车速传感器信号和ECU的SS1和SS2端子收到的转向传感器信号，判断当时车速和最大转向角，来决定使电流从"SOL"端子流出，将执行器设置在"硬"位置，从而限制侧倾。

防侧倾控制在其启动约2 s后取消，电流从端子"S+"或"S-"流到执行器，使减震力恢复到原来的设置。

但是，在减震力已经设置在"硬"位置时，如果以来回摆动方式操纵转向盘或在转弯中转向盘转得过多，则控制时间延长。

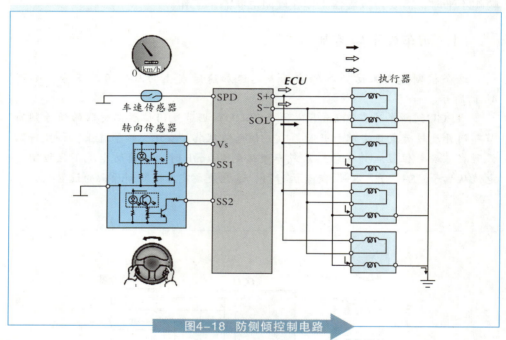

图4-18 防侧倾控制电路

3. 防车头下沉控制

这个控制是限制制动中的汽车头部下沉程度。当ECU判断车速在60 km/h或以上时，如果ECU收到来自停车灯开关输入的制动信号，ECU就使电流从"SOL"端子流出，将执行器设置在"硬"位置，从而限制汽车头部下沉。如图4-19所示。

防车头下沉控制在停车灯熄灭约2 s后取消，电流从端子"S+"或"S-"流至执行器，使减震力恢复到原来的设定值。

课题四 电子悬架　　　　任务 电子控制悬架

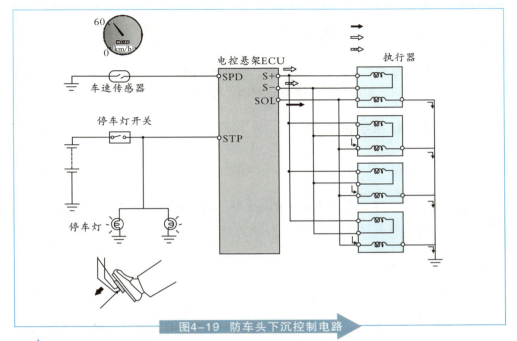

图4-19 防车头下沉控制电路

4. 高速控制

高速控制（仅限于"标准"方式）控制提高高速行驶中的转向稳定性。

当ECU判断车速在120 km/h或以上时，就使电流从"S+"端子流出，经执行器流至"S-"端子，将执行器从"软"位置改变至"中"位置，以稍稍增加减震力，从而在高速时提高转向稳定性，如图4-20所示。

当车速降至100 km/h以下时，高速控制取消，电流又开始从"S-"流到执行器，使减震力恢复到原来的设置。

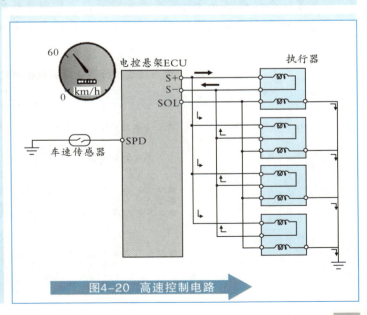

图4-20 高速控制电路

95

四、电子控制悬架的检修

当电子控制悬架系统运行有故障时,悬架控制模块就会检测到,并点亮故障指示灯,电子控制悬架的诊断与维修过程因不同的车辆而不同。

1. 自诊断系统的功能

(1) 监测系统的工作状况

如果系统发生了故障,装在仪表板上的车高控制指示灯将被通电闪亮,以提醒驾驶员立即进行检修。

(2) 存储故障码

当系统发生故障时,系统能够将故障以故障代码的形式存放在悬架ECU中。在检修汽车时,维修人员可以采用一定的方法读取故障码及有关参数,以

(3) 失效保护

当某一个传感器或执行器发生故障时,自诊断系统将以预先设定的参数取代有故障的传感器或执行器工作,即自诊断系统具有失效保护功能。系统对各

表4-2 传感器或执行器失效的保护方法

失效部件	失效保护方法
加速度传感器失效	禁止汽车行驶控制(车身扭转、跳动控制)
转向传感器失效	禁止汽车侧倾控制
车速传感器失效 车身高度传感器失效	●禁止汽车稳定性控制(抗侧倾、高度感应控制); ●禁止汽车姿态控制(抗点头、抗后坐); ●减震器阻尼力固定在"中间"状态
悬架执行器失效	●禁止所有悬架控制功能; ●减震器阻尼力固定在"HARD"(硬)状态

2. 进入自诊断的方法

维修人员需要进行电控悬架系统的故障自诊断测试，读取ECU中存储的故障码时，首先要进入故障自诊断测试状态。不同汽车进入故障自诊断的方法也有所不同，但归纳起来主要有以下几种。

（1）专用诊断开关法

在有些汽车上，设置有"按钮式诊断开关"，或在悬架ECU上设置有"旋钮式诊断模式选择开关"，按下或旋转这些专用开关，即可进入故障自诊断测试状态，进行故障代码的读取。

（2）加速踏板法

有的汽车在规定的时间内将加速踏板连续踩下5次，即可使ECU故障自诊断系统进入故障自诊断状态。

（3）点火开关法

有的汽车在规定的时间内将点火开关进行"ON-OFF-ON-OFF-ON"循环一

（4）跨接导线法

利用ECU故障自诊断系统读取故障码时，需要用跨接导线将高度控制连接器和发动机室的检查插接器的"诊断输入端子"和"搭铁端子"进行跨接，方可进入故障自诊断状态和读取存储的故障码。

（5）解码器诊断法

利用解码器与汽车电子控制系统故障检查插接器相连接，便可以直接进入故障自诊断测试状态和读取故障码。

3. 电子控制悬架电路故障的检查

电子控制悬架出现了故障，无论自诊断系统有无故障码输出，都需要进行系统电路故障检查。

如果取得了故障码，则可根据故障码的指示对故障的电路进行检查，以找

出确切的故障部位，排除故障。若故障码所指示的故障电路正常，则一般应检修或更换悬架ECU。应注意的是，在有故障代码输出的情况下，悬架ECU就已中断了相应的悬架刚度和阻尼或车身高度控制。因此，不断开ECU仅通过控制开关使其执行器动作来判断故障是不可行的。

　　如果无故障码显示，则需根据故障分析的结果，对与故障症状有关的电路和部件逐个进行检查。如果所有可能故障电路和部件检查均无问题，但悬架控制系统故障症状确实存在，则需对悬架ECU进行检查或更换。

课题小结

1. 电子控制悬架根据控制形式不同分为被动式悬架、主动式悬架。
2. 电子控制悬架由悬架控制开关、制动灯开关、节气门位置传感器、车速传感器、转向盘转角传感器、车身高度传感器、悬架ECU、高度控制电磁阀以及空气悬架等装置组成。

思考与练习

一、判断题

1. 根据阻尼系数和刚度是否可调，悬架分为主动悬架和被动悬架两种。（ ）
2. 主动悬架是在悬架系统中采用控制元件组成的一个闭环控制系统。（ ）
3. 装有电控悬架系统的汽车，在水平路面上高速行驶时，车身会变高，弹簧会变软。（ ）
4. 装有电控悬架系统的汽车，在凹凸不平的路面上高速行驶时，车身会变高，弹簧会变软。（ ）
5. 在进行车身高度调整后，应对汽车进行车轮定位的检查与调整。（ ）

二、选择题

1. 装有电控悬架系统的汽车，在水平路面上高速行驶时（ ）。
   A.车身会变高，弹簧会变软   B.车身会变低，弹簧会变软
   C.车身会变高，弹簧会变硬   D.车身会变低，弹簧会变硬
2. 装有电控悬架系统的汽车，在凹凸不平的路面上高速行驶时，会自动提高汽车的（ ）。
   A.制动性能   B.通过性能   C.加速性能   D.经济性能
3. 装有电控悬架系统的汽车，防止纵向仰头及横向倾斜，保持前照灯光轴（ ），以自动提高汽车的安全性能。
   A.不变   B.随时变化   C.视需变化
4. 当汽车行驶速度超过一定设置水平时，减振力和弹簧分别转换为（ ）状态，以提高直线行驶稳定性和操纵性能。
   A."中等"和"坚硬"   B."低"和"坚硬"   C."高"和"标准"
5. （ ）不会导致汽车车身高度出现不规则变化。
   A.空气泄漏   B.车身高度传感器故障
   C.悬架ECU有故障   D.压缩机电动机有故障

三、问答题

电控悬架的传感器及开关有哪些？

 [知识链接]

1

（1）磁流变减震器

①电磁线圈未通电。减震器油内的磁悬浮微粒呈杂乱无序状态，彼此之间没有力的作用。在活塞运动时，这些微粒与油液一同被从活塞孔压出。这时的减震力（阻尼力）相对较低，该力取决于减震器油的基本黏度值。

②电控电磁线圈已通电。微粒会按照磁场的磁力线方向排列，特别是活塞孔内聚集了一长串微粒。这就提高了油液与孔壁的摩擦力，因而也就提高了流变压力和减震力（阻尼力），如图4-21所示。

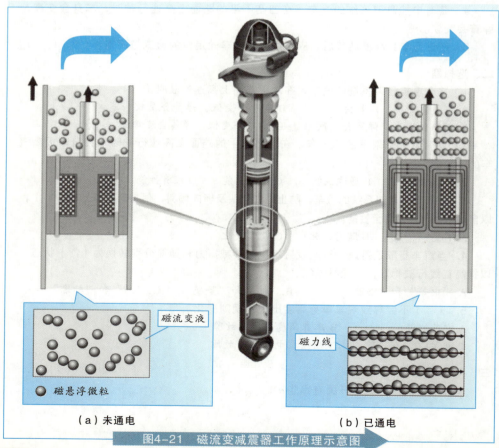

图4-21　磁流变减震器工作原理示意图

（2）磁流变减震器原理

每个减震器的伸长和压缩都是单独调节的。在不到1 ms内ECU就可计算出控制减震器所需要的电流大小。磁流变减震器位置图如图4-22所示；磁流变减震器功能图如图4-23所示。

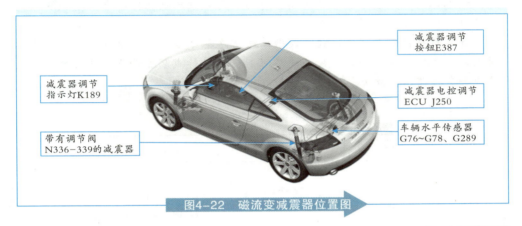

图4-22　磁流变减震器位置图

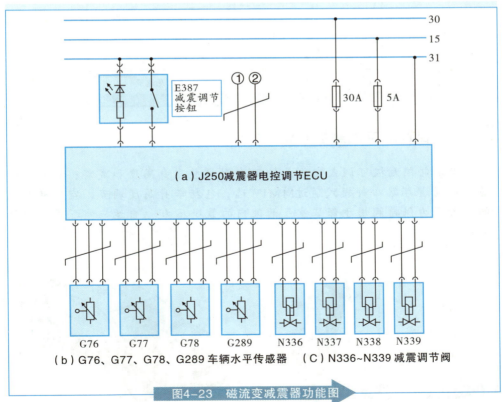

图4-23　磁流变减震器功能图

磁流变减震器特性曲线与传统减震器特性的对比，如图4-24所示。

系统出现故障时的表现：如果某个减震器的电控功能出现故障，那么只将这个减震器关闭，警告灯就接通并会存储该故障。

如果多个减震器的电控功能出现故障，那么所有减震器都被关闭，警告灯就接通并会存储该故障。

如果识别出控制单元处理器出现故障，那么就用恒定电流来控制减震器，警告灯就接通并会存储该故障。

如果传感器信号以及CAN-数据总线信息不可靠，那么会根据故障的具体情况启动各种应急程序，以便还能尽可能好地进行减震器调节。这时警告灯就接通并会存储这些故障。

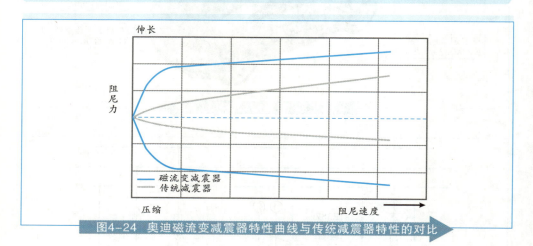

图4-24 奥迪磁流变减震器特性曲线与传统减震器特性的对比

2. 自适应空气悬挂（AAS）

四轮电控无极可调式空气悬挂可自动调整车身高度和减震；自动、舒适、运动、坏路四种模式通过MMI可选，包括车身高度调节，空气悬架上的剩余压力保持阀用于保证空气悬架内的最小压力。自适应空气悬架位置如4-25所示。

图4-25 自适应空气悬架位置图

课题五　汽车安全气囊

○ [学习任务]

掌握安全气囊的功能、结构和工作原理。

○ [技能要求]

能根据诊断仪排除安全气囊故障。

任务一　汽车安全气囊概述

正面安全气囊（Safe Air Bag，SAB）系统为汽车被动安全系统之一，在汽车发生正面剧烈碰撞时，与安全带一起工作，起到保护乘员的作用。包含驾驶员正面安全气囊和前排乘员安全气囊。

一、安全气囊的作用

安全气囊系统的全称是辅助防护系统（Supplemental Restraint System，SRS）或辅助防护安全气囊系统。它是一种当汽车遭到冲撞而急剧减速时能很快膨胀的缓冲垫，通常它与座椅安全带配合使用，可以为乘员提供十分有效的防撞保护。当汽车发生碰撞时，迅速在乘员和汽车内部结构之间打开一个充满气体的袋子，使乘员撞在气袋上，避免或减缓碰撞，从而达到保护乘员的目的。由于乘员和安全气囊相碰时容易因振荡造成乘员伤害，所以，在安全气囊的背面开两个直径为25 mm左右的圆孔。这样，当乘员和安全气囊相碰时，借助圆孔的放气可减轻振荡，放气过程同时也是一个释放能量的过程，因此，可以很快地吸收乘员的动能，有助于保护乘员。安全气囊对乘员正面、侧面与头部保护实物，如图5-1所示。

（a）对乘员正面保护　　（b）对乘员侧面与头部保护

图5-1　安全气囊对乘员正面、侧面与头部的保护实物图

二、安全气囊的分类

安全气囊种类众多，按下面的方式可分为多种。

 1. 按数量分类

包括单气囊系统（只装在驾驶员侧）、双气囊系统（驾驶员侧和副驾驶员侧各有一个安全气囊）、多气囊系统（前排安全气囊、后排安全气囊、侧面安全气囊）。

 2. 按大小分类

包括安全气囊（保护全身）、大型安全气囊（保护整个上身）、小型护面安全气囊（主要保护面部）。

 3. 按总体结构分类

包括机械式安全气囊、电子式安全气囊。

 4. 按照保护对象的不同分类

包括驾驶员防撞安全气囊、前排乘员防撞安全气囊、后排乘员防撞安全气囊、侧面防撞安全气囊。

（1）驾驶员防撞安全气囊

驾驶员防撞安全气囊装在转向盘上，如图5-2所示。

按体积的大小分两种：一种安全气囊是考虑到驾驶员没有佩带座椅安全带时汽车相撞，其体积较大，约60 L；另一种安全气囊是设定驾驶员佩带座椅安全带而设计的，其体积较小，约40 L。日本的安全气囊即属于此类，近年来，由于安全气囊的生产成本下降，日本防撞安全气囊规格有所增加。如本田的驾驶员防撞安全气囊的体积为60 L。

图5-2 驾驶员防撞安全气囊

（2）前排乘员防撞安全气囊

由于乘员在车内位置不固定，因此，为保护其撞车时免受伤害，设计的防撞安全气囊也较大，有两种规格：一种为160 L左右；另一种为75 L左右（后者考虑了乘员受座椅安全带的约束）。前排乘员防撞安全气囊，如图5-3所示。

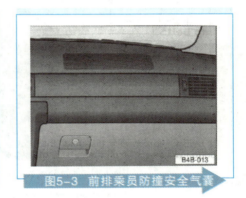

图5-3 前排乘员防撞安全气囊

（3）后排乘员防撞安全气囊

一般装在前排座椅上，防止后排乘员在撞车时受到伤害，如图5-4所示。

图5-4 后排乘员防撞安全气囊

（4）侧面防撞安全气囊

一般装在车门上，防止乘员受侧面撞击。

任务二 安全气囊组成与原理

机械式安全气囊主要由传感器、气囊组件等组成。电子式安全气囊主要由传感器、气囊组件、ECU等组成，图5-5所示为奥迪A4安全气囊零部件位置图。

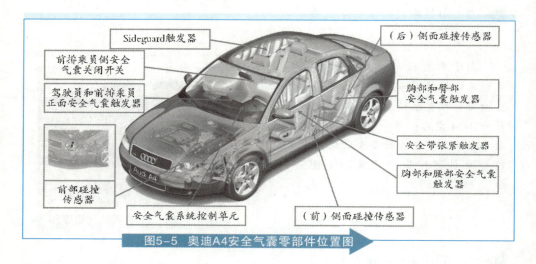

图5-5 奥迪A4安全气囊零部件位置图

一、碰撞传感器

碰撞传感器相当于一只控制开关，其工作状态取决于汽车碰撞时减速度的大小。碰撞传感器按功用可分为碰撞信号传感器和碰撞防护传感器两类。安装位置依车而异，奥迪轿车安装在驾驶员席和乘员席座椅下面。其功用是将汽车碰撞时的减速度输入SRS ECU，用以判定是否发生碰撞。安全传感器又称为碰撞防护传感器、防护传感器或保险传感器，一般都安装在SRS ECU内部，其功用是控制气囊点火器电源电路。

安全传感器和碰撞信号传感器的结构原理完全相同，其唯一区别在于设定的减速度阈值有所不同。设定减速度阈值的原则是安全传感器的减速度阈值比碰撞信号传感器的减速度阈值稍小。当汽车以40 km/h左右的速度撞到一辆静止或同样大小的汽车上或以20 km/h左右的速度迎面撞到一个不可变形的障碍物上时，减速度就会达到碰撞信号传感器设定的阈值，传感器就会动作。

碰撞传感器按结构可分为机电结合式、水银开关式和电子式3种。机电结合

课题五 汽车安全气囊　　任务二 安全气囊组成与原理

式碰撞传感器是一种利用机械机构运动（滚动或转动）来控制电器触点动作，再由触点断开与闭合来控制气囊点火器电路接通与切断的传感元件。常用的机电结合式碰撞传感器有滚球式、偏心锤式和滚轴式3种。

 1. 机电结合式碰撞传感器

▶ （1）滚球式碰撞传感器

滚球式碰撞传感器又称偏压磁铁式碰撞传感器，结构如图5-6所示。

两个触点分别与传感器引线端子连接。滚球用来检测减速度大小，在导缸内可移动或滚动。

当传感器处于静止状态时，在永久磁铁磁力作用下，导缸内的滚球被吸向磁铁，两个触点与滚球分离，传感器电路处于断开状态，如图5-7（a）所示。

当汽车遭受碰撞且减速度达到设定阈值时，滚球产生的惯性力将大于永久磁铁的电磁吸力，滚球在惯性力作用下就会克服磁力沿导缸向两个固定触点运动并将固定触点接通，如图5-7（b）所示。当传感器用做碰撞信号传感器时，固定触点接通则将碰撞信号输入SRS ECU；当传感器用做碰撞防护传感器时，则将点火器电源电路接通。

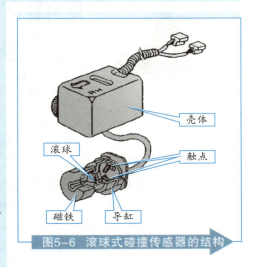

图5-6 滚球式碰撞传感器的结构

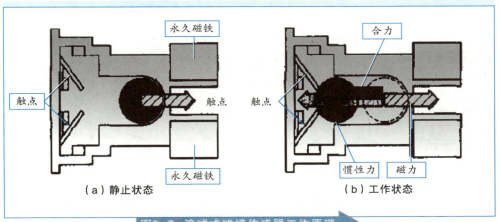

图5-7 滚球式碰撞传感器工作原理

107

（2）偏心锤式碰撞传感器

这种传感器一般安装在保险杠与挡泥板之间，用来感知低速碰撞的信号。传感器安装在一个密封的防振保护盒内，其结构如图5-8所示。

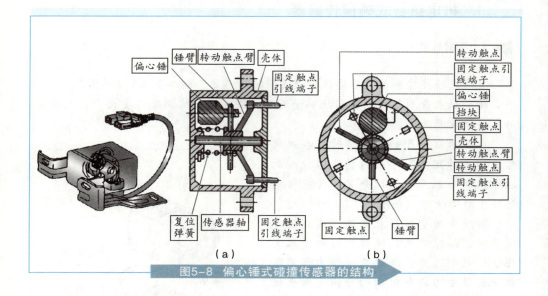

图5-8 偏心锤式碰撞传感器的结构

偏心锤式碰撞传感器的工作原理如图5-9所示。当传感器处于静止状态时，在复位弹簧的弹力作用下，偏心锤与挡块保持接触，转子总成处于静止状态，转动触点与固定触点处于断开状态，如图5-9（a）所示。

当汽车遭受碰撞使偏心锤的惯性力矩大于复位弹簧的弹力力矩时，惯性力矩就会克服弹簧力矩使转子总成转动，从而带动转动触点臂转动，使转动触点与固定触点接触，如图5-9（b）所示，接通SRS气囊的搭铁回路。

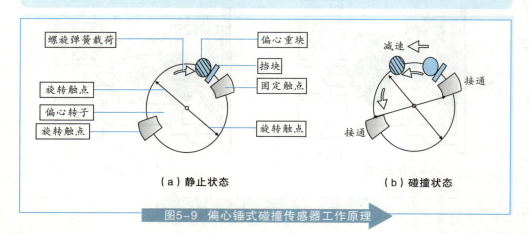

图5-9 偏心锤式碰撞传感器工作原理

（3）滚轴式传感器

滚轴式传感器结构如图5-10所示。主要由止动销、滚轴、滚动触点、固定触点、底座和片状弹簧组成。片状弹簧与传感器的一个引线端子连接，一端固定在底座上，另一端绕在滚轴上，滚动触点固定在滚轴部分的片状弹簧上，并可随滚轴一起转动。固定触点与片状弹簧绝缘固定在底座上，并与传感器的另一个引线端子连接。当传感器处于静止状态时，滚轴在片状弹簧的弹力作用下滚向止动销一侧，滚动触点与固定触点处于断开状态，如图5-10（a）所示。

当汽车遭受碰撞，使滚轴的惯性力大于片状弹簧的弹力时，惯性力就会克服弹簧弹力使滚轴向前滚动，将滚动触点与固定触点接通，如图5-10（b）所示，从而接通SRS气囊的搭铁回路。

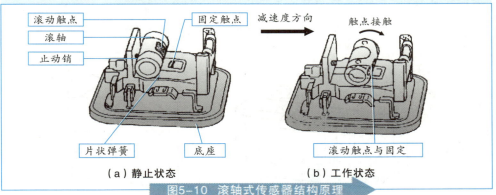

图5-10 滚轴式传感器结构原理

2. 水银开关式传感器

水银开关式传感器一般用做防护传感器（安全传感器），用来防止系统在非碰撞状况时引起气囊的误动作，通常安装在中央控制器内，结构如图5-11所示。

当汽车发生碰撞时，减速度将使水银产生惯性力，惯性力在水银运动方向上的分力会将水银抛向传感器电极，使两个电极接通，从而接通气囊点火器电路的电源。

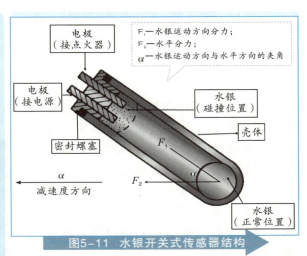

图5-11 水银开关式传感器结构

109

3. 电子式传感器（中央安全气囊传感器）

中央安全气囊传感器是一个半导体压力传感器的结构，如图5-12（a）所示。其悬臂架压在半导体应变片的两端。当汽车发生碰撞时，半导体应变片在悬臂减速惯性力的作用下发生弯曲应变，受压后的电阻发生变化，电阻的变化引起动态应变仪输出电压发生变化。

它的原理线路如图5-12（b）所示。中央安全气囊传感器装在中央控制器内，用来感知高速碰撞的信息，并将其输送到CPU，引爆气囊传爆管，使气囊打开。同时前方另有一个传感器也引爆了预紧器的传爆管，即安全带预紧器和气囊同时起作用。有的前方传感器有两对动、静触头，在低速碰撞时，第一对触头闭合引爆安全带预紧器，在高速碰撞时第二对触头接通，安全带预紧器及气囊同时动作。中央安全气囊传感器的作用是增加可靠性。

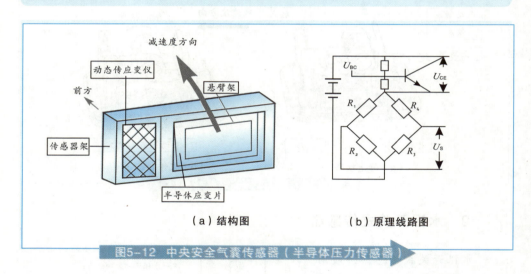

（a）结构图　　　　（b）原理线路图

图5-12　中央安全气囊传感器（半导体压力传感器）

二、气囊组件

气囊组件由SRS气囊、点火器和气体发生器等组成，驾驶员席与乘员席气囊组件一般都用同一个SRS ECU控制。驾驶员席气囊组件安装在转向盘的中央，前排乘员席气囊组件安装在副驾驶员座椅下前方的仪表台下。图5-13所示为丰田威驰驾驶员席气囊组件和前排乘员席气囊组件安装位置。

图5-13　气囊组件安装位置

1. 驾驶员席气囊组件的结构

驾驶员席气囊组件主要由气体发生器、点火器、气囊、装饰盖等组成，结构如图5-14所示。

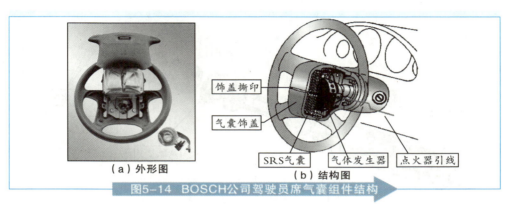

图5-14 BOSCH公司驾驶员席气囊组件结构

（1）气体发生器

气体发生器的功用是在点火器引爆点火剂时，产生气体向气囊充气，使气囊胀开。

如图5-15所示，当碰撞传感器向SRS ECU输送撞击信号，SRS ECU向点火器发出指令，点火器点燃点火剂并传到充气剂，使其产生大量的氮气，通过金属过滤器的冷却、降压，迅速充胀气囊，使气囊爆胀。

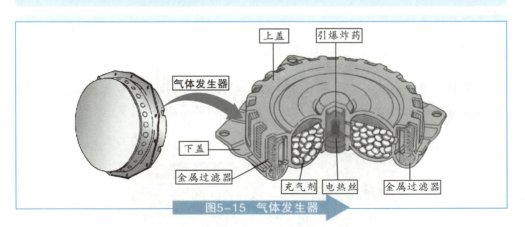

图5-15 气体发生器

（2）点火器

点火器外包铝箔，安装在气体发生器内部中央位置。其功用是在前碰撞传感器和防护传感器将气囊电路接通时，引爆点火剂，产生热量使充气剂分解。

点火器的结构如图5-16所示。它的所有部件均装在药筒内。点火剂包括引爆炸药和引药。引出导线与气囊连接器插头连接,连接器(一般都为黄色)中设有短路片(铜质弹簧片)。当连接器插头拔下或插头与插座未完全结合时,短路片将两根引线短接,防止静电或误通电将电热丝电路接通而造成气囊误胀开。

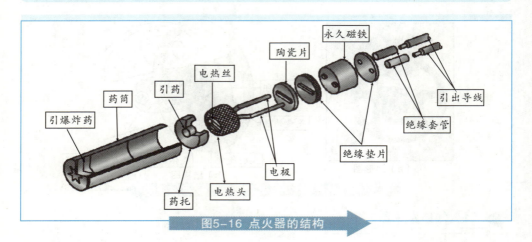

图5-16 点火器的结构

(3) 气囊

气囊由尼龙丝制成,完全充气后,驾驶员席气囊约65 L,乘员席气囊为120~150 L。气囊的后面有几个溢气孔,这些孔在人的身体上部压向气囊时,可以使气囊均匀而又缓慢地泄气,有效地保证在碰撞大约110 ms后,吸收驾驶员与气囊碰撞的动能,使人体不致受到伤害。

2. 乘员席SRS气囊组件的结构

前排乘员席SRS气囊组件(图5-17)的组成和工作原理与驾驶员席SRS气囊组件基本相同,仅结构有所不同,下面仅介绍其结构特点。

图5-17 乘员席SRS气囊组件

（1）SRS气囊

乘员席SRS气囊用专用螺栓安装在气囊组件支架上。由于乘员席SRS气囊距离乘员的距离比驾驶员席SRS气囊距离驾驶员的距离远，因此，乘员席SRS气囊的体积比驾驶员席SRS气囊的体积要大。

（2）气体发生器

乘员席SRS气囊组件的气体发生器为长筒形，内部装药质量一般为500 g左右。SRS ECU触发点火器后，点火器点燃点火剂，点火剂加热充气剂，产生气体从充气孔冲入SRS气囊。如图5-18所示。

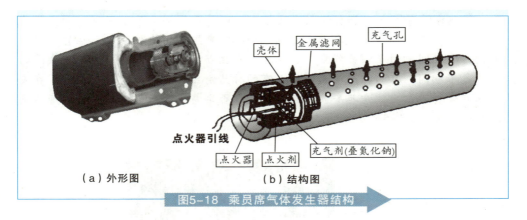

图5-18 乘员席气体发生器结构

3. 安全气囊警告灯

安全气囊警告灯装在仪表板上，用图形或"SRS"、"AIR BAG"等字样表示。丰田佳美SRS警告灯如图5-19所示。

SRS警告灯的功用：指示SRS气囊系统功能是否处于正常状态。当点火开关接通"ON"或"ACC"位置后，如果SRS警告灯发亮或闪亮约6 s（闪6下）后自动熄灭，表示SRS气囊系统功能正常。如果SRS警告灯不亮、一直发亮或在汽车行驶途中突然发亮或闪亮，表示自诊断系统发现SRS气囊系统有故障，应及时排除。自诊断系统在控制SRS警告灯发亮或闪亮的同时，还会将所发现的故障编成代码存储在存储器中。检查或排除SRS气囊系统故障时，首先应用专用检测仪器或通过特定方式从诊断插座或通信接口调出故障代码（通常称为故障码），以便快速查寻并排除故障。实践证明，在汽车遭受碰撞，SRS气囊已经膨开后，故障码一般难以调出。如此设计的目的是要求在SRS气囊引爆后，必须更换SRS ECU。

图5-19 丰田佳美SRS警告灯

 4. 螺旋线束

SRS的所有线束都装在黄色波纹管内,以便于区别。为了保证转向盘具有足够的转动角度而又不致损伤驾驶员席SRS气囊组件的连接线束,在转向盘与转向柱管之间采用了螺旋线束。在不同汽车生产厂家的电路图中,螺旋线束的名称各不相同,有的称为螺旋弹簧、有的称为游丝,有的称为游丝弹簧。在安装螺旋弹簧时,应注意其安装位置和方向,否则将会导致转向盘转动角度不足或转向沉重,如图5-20所示。

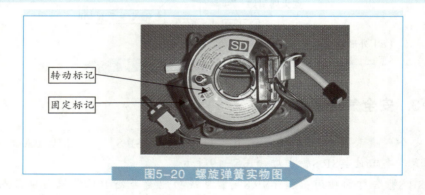

图5-20 螺旋弹簧实物图

 5. 安全气囊系统保险机构与线束

为了便于区别电气系统线束插接器,SRS的插接器与汽车其他电气系统的插接器有所不同。过去曾采用过深蓝色插接器,目前,SRS的插接器绝大多数采用黄色插接器,如图5-21所示。SRS的插接器采用导电性能和耐久性能良好的镀金端子,并设计有防止SRS气囊误爆机构、端子双重锁定机构、插接器双重锁定机构和电路连接诊断机构等,用以保证SRS气囊系统可靠工作。

图5-21 安全气囊线束（黄色）

防止误爆机构为一块铜质弹簧片，称为短路片，其作用是：当连接器拔开（插头拔下或插头与插座未完全结合）时，短路片（弹簧片）自动将靠近SRS气囊点火器一侧插座上的两个引线端子短接，如图5-22所示，防止静电或误通电将点火器电路接通而造成气囊误膨开。

短路片设在靠近SRS气囊点火器一侧的插座或插头上，当插头与插座正常连接时，插头的绝缘壳体将短路片向上顶起，如图5-22（a）所示，短路片与连接器端子脱开，插头引线端子与插座引线端子接触良好，点火器电热丝电路处于正常连接状态。

当插头与插座脱开时，短路片将气囊点火器一侧插座上的引线端子短接，使点火器电热丝与短路片构成回路，如图5-22（b）所示，此时即使将电源加到点火器一侧连接器插座上，由于电源被短路片短路，因此，点火器不会引爆气囊，从而达到防止气囊误爆之目的。

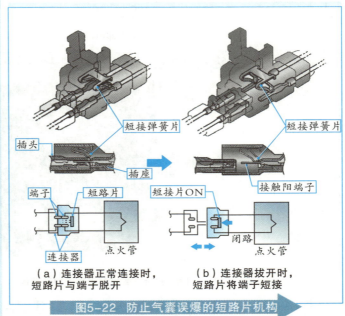

（a）连接器正常连接时，短路片与端子脱开
（b）连接器拔开时，短路片将端子短接

图5-22 防止气囊误爆的短路片机构

三、ECU

安全气囊电控ECU又称气囊ECU、中央气囊传感器总成、气囊控制模块、气囊控制装置等。

ECU内部电路包括：内部碰撞传感器（包括中央气囊传感器和安全传感器）、CPU诊断电路、点火控制和驱动电路、后备电源、记忆电路和安全电路，如图5-23所示。

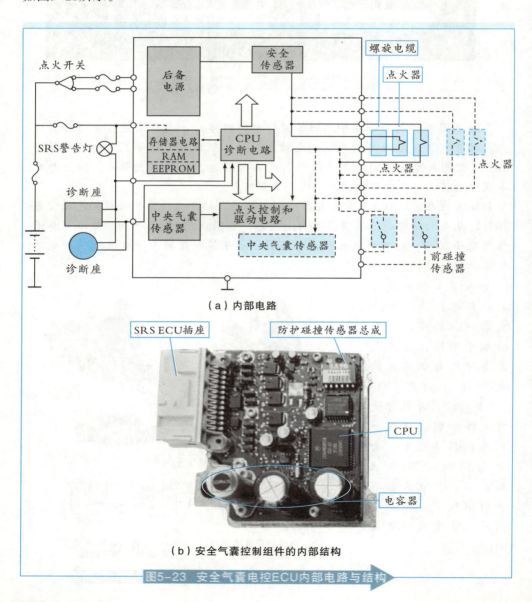

(a) 内部电路

(b) 安全气囊控制组件的内部结构

图5-23 安全气囊电控ECU内部电路与结构

1. CPU诊断电路

　　CPU诊断电路可诊断电路系统内的任何故障,当故障被检测出来后,点亮组合仪表上的故障警告灯以提醒驾驶员。这一电路可监视下列各种情况:造成点火失效的故障,造成意外点火的故障,传感器的故障,引爆装置的故障,点火和驱动电路的故障以及诊断电路本身的故障。

2. 点火控制和驱动电路

　　点火控制与驱动电路在碰撞达到足够强度时控制气囊点火器点火,引爆充气物质,使气囊展开。

3. 记忆电路

　　当诊断电路检测出故障时,这一故障被编成代码储存在记忆电路中。此代码可手工或使用检测设备调出,以分辨故障部位及进行快速诊断。按照车型、年份的不同,记忆电路可分为两种形式:一种是RAM电路,当电源中断时,记忆内容即自动消失;另一种是EEPROM电路,即使电源中断,记忆内容仍能保留。

4. 安全电路

　　安全电路禁止点火,当诊断电路检测到的故障可能会引起意外点火时,诊断电路向安全电路送出一个信号,用于禁止点火,这时即使发生强烈碰撞,气囊也不会被引爆。

5. 后备电源

　　后备电源由电容器和变压器组成。在电源系统由于碰撞而失效的情况下,后备电容器将释放电能,以供应系统所需的电力。当蓄电池电压下降到一定值时,变压器用于提高电压。

　　除后备电源电路之外,有些车型的气囊ECU内部还有升压电路。为保证气囊被可靠引爆,将12 V的蓄电池电压升高到16 V、24 V或36 V等。

四、SRS控制原理

1. 安全气囊的工作原理

机械式SRS工作原理如图5-24所示。安全气囊工作由传感器直接引爆点火。

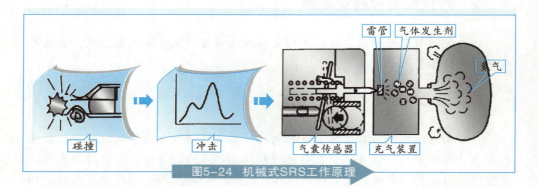

图5-24 机械式SRS工作原理

电子式SRS的工作原理如图5-25所示，当汽车遭受正面碰撞和侧面碰撞时，安全气囊系统的工作原理完全相同。下面重点介绍电子正面碰撞的工作原理。

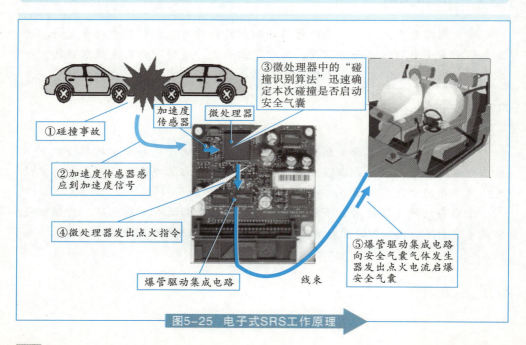

图5-25 电子式SRS工作原理

2. 安全气囊的动作过程

根据德国博世（Bosch）公司在奥迪（Audi）轿车上试验研究表明：当汽车以车速50 km/h与前面障碍物碰撞时，安全气囊系统的动作时序如图5-26所示。

① 碰撞约10 ms后，SRS达到引爆极限，点火器引爆点火剂并产生大量热量，使充气剂（叠氮化钠药片）受热分解，驾驶员尚未动作。

② 碰撞约40 ms后，气囊完全充满，体积最大，驾驶员向前移动，安全带斜系在驾驶员身上并拉紧，部分冲击能量已被吸收。

③ 碰撞约60 ms后，驾驶员头部及身体上部压向气囊，气囊的排气孔在气体和人体压力作用下排气节流吸收人体与气囊之间弹性碰撞产生的动能。

④ 碰撞约110 ms后，大部分气体已从气囊逸出，驾驶员身体上部回到座椅靠背上，汽车前方恢复视野。

⑤ 碰撞约120 ms后，碰撞危害解除，车速降低直至为零。

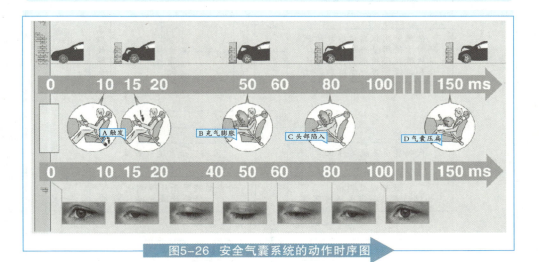

图5-26 安全气囊系统的动作时序图

任务三 安全气囊故障检修

SRS本身设置了自诊断系统，若系统出现故障，即可通过故障警告灯反映出来。SRS警告灯和故障代码就成了最重要的故障信息来源和故障诊断依据。由于SRS是一个独立系统，与汽车上其他系统没有关系，所以，若系统中存在故障，只需按照故障代码所指示的内容进行诊断，找出故障是出在元件还是在导线或插接器上。SRS故障诊断方法如图5-27所示。

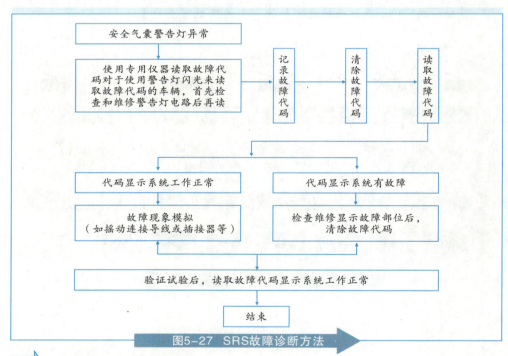

图5-27 SRS故障诊断方法

1. 警告灯诊断方法

丰田卡罗拉SRS警告灯如图5-28所示。
①接通点火开关，检查SRS警告灯应点亮。
②检查SRS警告灯点亮约6s后熄灭。

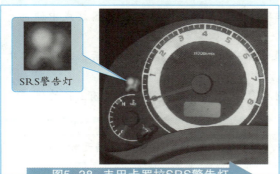

图5-28 丰田卡罗拉SRS警告灯

➤ 注意：

①当接通点火开关SRS警告灯点亮或闪烁时，安全气囊传感总成已经检测到故障码。

②如果超过6 s后，即使断开点火开关SRS警告灯仍点亮，有可能是SRS警告灯电路短路。

2. 故障码的读取

使用检查线进行读取。

（1）读取故障码（当前故障码）

①接通点火开火，等待约60 s。

②使用检查线，连接DLC3的"TC"和"CG"端子，如图5-29所示。注意将端子连接到正确的位置，以避免发生故障。

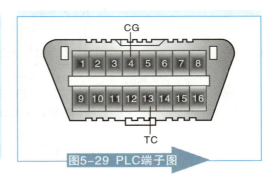

图5-29 PLC端子图

（2）读取故障码（以前故障码）

①使用检查线，连接DLC3的"TC"和"CG"端子。

②接通点火开关，等待约60 s。

（3）读取故障码（计数闪光的次数读出故障码）

1）正常代码与故障码

例如，正常代码、故障码11和故障码31如图5-30所示。

①正常代码显示（以前没有故障），警告灯每秒闪两次。

②正常代码显示（以前有故障码），当中央安全气囊传感器总成中储存有以前的故障码时，警告灯每秒只闪一次。

③故障码显示，第一次闪烁表示第一个故障码，停顿1.5 s后，出现第二次闪烁。随后显示第二个故障码。

如果有一个以上的故障码，则在每个代码的故障码之间将有2.5 s的停顿。

➡ **注意：**
如果发现两个或更多的故障码，指示将从编号较小的故障码开始。

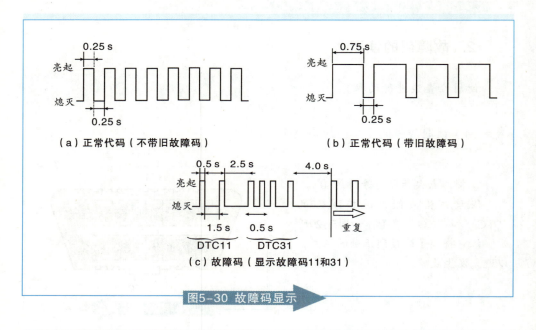

图5-30 故障码显示

2）用诊断仪读取故障码
①将诊断仪连接到DLC3。
②将点火开关置于ON（IG）位置。
③根据诊断仪屏幕上的提示读取故障码。

➡ **3. 故障码清除**

车速传感器有电磁式、霍尔式、光电式等多种类型。

车速传感器信号的作用：巡航控制ECU用于巡航车速的设定及将实际车速与设定车速进行比较，以便实现等速控制。车速传感器信号可同时用于发动机控制、自动变速器控制和巡航控制等。

（1）使用检查线清除故障码

①使用诊断仪，连接"TC"和"CG"端子，然后将点火开关置于ON（IG）位置。

②在故障码出现后的10 s内断开DLC3的"TC"端子，检查警告灯是否在3 s内点亮。

③SRS警告灯点亮后在2.0~4.0 s内，重新连接DLC3的"TC"和"CG"端子。

④在连接"TC"和"CG"端子后2.0~4.0 s内，SRS警告灯应熄灭，然后在SRS警告灯熄灭后2.0~4.0 s内断开DLC3的"TC"端子。

⑤重新断开"TC"和"CG"端子后2.0~4.0 s内，SRS警告灯再次点亮。重新连接DLC3的"TC"和"CG"端子。

⑥重新连接"TC"和"CG"端子后2.0~4.0 s内，检查SRS警告灯是否熄灭。

⑦SRS警告灯熄灭1 s后，输出正常代码。如果故障码没有清除，重复以上过程直到故障码被清除。清除故障码的过程显示如图5-31所示。

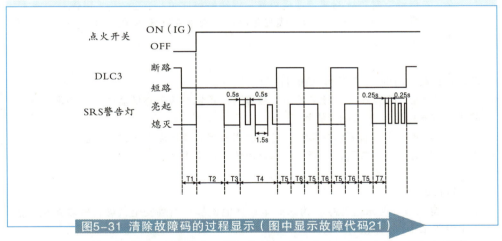

图5-31 清除故障码的过程显示（图中显示故障代码21）

T1—0~∞ s；T2—约6 s；T3—3~5 s；T4—3~10 s；T5—2~4 s；T6—1~5 s；T7—1 s以内

（2）使用诊断仪清除故障码

①将诊断仪连接到DLC3上。

②将点火开关置于ON（IG）位置。

③按照诊断仪上的提示清除故障码。

课题小结

1. 电子式SRS主要由传感器、气囊组件、气体发生器、ECU等组成。

2. 安全气囊碰撞传感器有前碰撞传感器和侧气囊碰撞传感器。安装在ECU内部的传感器是前碰撞传感器，且ECU内必须安装两种传感器，即前碰撞传感器和安全传感器。

3. 为了便于区别电气系统线束插接器，SRS的插接器与汽车其他电气系统的插接器有所不同，目前，SRS的插接器绝大多数采用黄色插接器。

思考与练习

一、填空题

1. 安全气囊的线束通常是_____颜色的。

2. 为保证气囊系统的端子连接可靠，连接器设计了_____机构。

3. 通常情况下，安全气囊引爆膨胀后，驾驶席主气囊体积约_____L，乘客席副气囊的体积约_____L。

二、判断题（对的打"√"，错的打"×"）

1. 安全气囊系统产生故障码后，故障可能记忆在两种存储器中，一种是RAM存储器，另一种是EEPROM存储器。   （   ）

2. 检修安全气囊系统故障时，可以使用万用表测量点火器的电阻值。（   ）

3. 气囊系统引爆后，气囊可以修复以供下次使用。   （   ）

三、选择题

安全气囊在存放过程中，为防静电或其他误操作引爆安全气囊，气囊系统的插头中设置了（   ）。

  A．防止SRS气囊误爆机构 B．端子双锁机构

  C．电路连接诊断机构   D．连接器锁止机构

课题六 中控门锁与防盗系统

● [学习任务]

1. 掌握中控门锁的功能与组成。
2. 掌握中控门锁的结构。
3. 掌握中控门锁控制原理。
4. 掌握防盗系统组成、结构与作用。

● [技能要求]

能够使用仪器对防盗系统进行故障诊断。

任务一 汽车中控门锁

汽车门锁是汽车防盗的第一步，采用中控门锁系统的车辆，当驾驶员锁住驾驶员车门时，其他几个车门（包括后车门及行李箱门等）能同时自动锁住；当打开驾驶员车门时，其他几个车门能同时打开，并且仍可用各车门的机械或弹簧锁开关车门。

一、汽车中控门锁的分类

汽车电子锁的分类方法很多，既可以按照控制部分中主要元器件的异同进行分类，也可以按照编码方式的异同进行分类。

 ### 1. 按键式电子锁

按键式电子锁采用键盘或组合按钮输入开锁密码，操作方便。内部控制电路常采用电子密码专用集成电路。此类产品包括按键式电子锁和按键式汽车点火锁。

2. 拨盘式电子锁

拨盘式电子锁采用机械拨盘开关输入开锁密码。很多按键式电子锁可以改造成拨盘式电子锁。

3. 电子钥匙式电子锁

电子钥匙式电子锁使用电子钥匙作为开锁密码，它由元器件搭成的单元电路组成，做成小型手持单元形式，通过光、声、电或磁等多种形式与主控电路联系。此类产品包括各种遥控汽车门锁、转向锁和点火锁以及电子密码点火钥匙。

4. 触摸式电子锁

触摸式电子锁采用触摸方式输入开锁密码。装用这种锁的车门上没有一般的门把手，代之以电子锁和触摸传感器。

5. 生物特征式电子锁

生物特征式电子锁的特点是将声音、指纹等人体生物特征作为密码输入，由计算机进行模式识别，控制开锁。生物特征式电子锁的智能化程度相当高。

二、汽车中控门锁的功能

1. 中央控制

当驾驶员锁住车门时，其他车门同时锁住。也可以通过门锁开关打开所有的门锁。

2. 速度控制

车速达到一定速度时，可以将所有的车门自动锁定（根据车型而定）。

3. 单独控制

除了中央控制门锁外，乘员可以通过机械式弹簧锁开关车门。

4. 两级开锁功能

在钥匙联动开锁功能中，一级开锁操作，只能以机械方法打开钥匙插入的门。两级开锁操作，则同时打开其他车门。

5. 钥匙占用预防功能

防止钥匙插入点火开关时，没有钥匙而将车门锁住。

6. 电动窗不用钥匙的动作功能

驾驶员和乘员的车门都关上，点火开关断开后，电动窗仍可动作约60 s。

7. 安全功能

当钥匙从点火开关中拔去而门已锁住时，无论用钥匙或不用钥匙锁门，门都不能用门锁控制开关打开。

8. 自动功能

一些高级车辆中，用钥匙或遥控器将门锁打开或锁上时，电动车窗也会自动打开或关闭。

三、汽车中控门锁的组成

汽车中控门锁系统主要由控制开关、门锁控制器和门锁执行机构等组成。中控门锁系统零部件位置如图6-1所示。

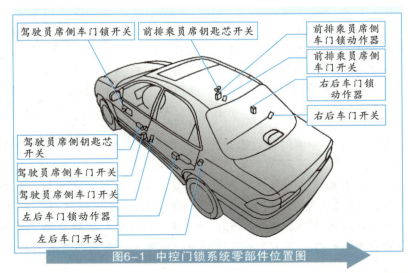

图6-1　中控门锁系统零部件位置图

1. 控制开关

（1）门锁控制开关

门锁控制开关安装在前左门和右门的扶手上，如图6-2所示。将开关推向前门是锁门，推向后门是开门。

（2）钥匙开锁报警开关

钥匙开锁报警开关用于探测点火钥匙是否插进钥匙门内，当钥匙在钥匙门内，钥匙开锁报警开关接通电话报警；当钥匙离开钥匙门时取消报警，如图6-3所示。

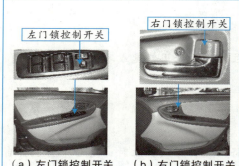

图6-2 门锁控制开关

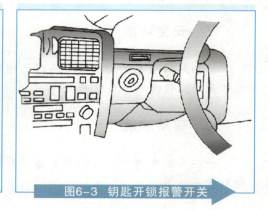

图6-3 钥匙开锁报警开关

（3）钥匙控制开关

钥匙控制开关安装在每个前门的钥匙门上，如图6-4所示。当从外面用钥匙开门和关门时，钥匙控制开关便发出开门或锁门的信号给门锁ECU。

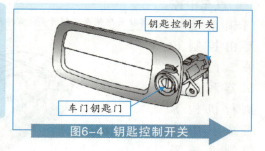

图6-4 钥匙控制开关

（4）行李厢门开启器开关

行李厢门开启器开关位于仪表板下面，拉动此开关便能打开行李厢门，如图6-5所示。钥匙门靠近行李厢门开启器，推压钥匙门，断开行李厢内主开关，此时再拉开启器开关也不能打开行李厢门。将钥匙插进钥匙门内顺时针旋转打开钥匙门，当主开关再次接通，便可用行李厢门开启器打开行李厢。

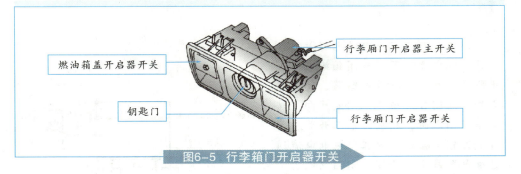

图6-5 行李箱门开启器开关

（5）门控开关

门控开关用于探测车门的开闭情况。车门打开时，门控开关接通；车门关闭时，门控开关断开。

（6）门锁开关

门锁开关用于检测车门的开闭情况。当车门关闭，门锁开关断开；车门开启，门锁开关接通。

2. 门锁控制器

门锁控制器为门锁执行机构提供开锁和闭锁脉冲电流，有晶体管式门锁控制器、电容式门锁控制器和车速感应式门锁控制器。

（1）晶体管式门锁

门锁控制器内部设有闭锁和开锁两个继电器，由晶体管开关电路控制，利用电容器的充、放电过程，控制一定的脉冲电流持续时间，使门锁执行机构完成闭锁和开锁动作，如图6-6所示。

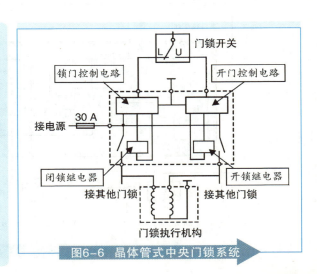

图6-6 晶体管式中央门锁系统

129

(2) 电容式门锁

该系统利用充足电的电容器,在工作时继电器(开锁或闭锁继电器)串联接入电容器的放电回路,使其触点短时间闭合。当(正向或反向)转动车门钥匙时,相应的电路开关(闭锁或开锁)接通,电容器放电电流通过继电器线圈(开锁或闭锁继电器)搭铁,线圈产生电磁吸力,触点闭合,接通执行机构电磁线圈的电路,完成闭锁或开锁的动作。当电容器放电完毕后,继电器触点打开,中央门锁系统停止工作。此时另一只电容器被充电,为下一次操纵做好准备,如图6-7所示。

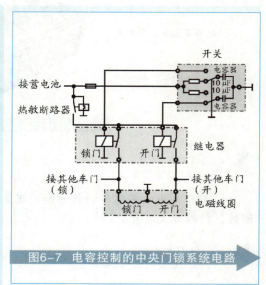

图6-7 电容控制的中央门锁系统电路

(3) 车速感应式门锁

在中控门锁系统中加装一个车速(10 km/h)感应开关,当汽车行驶速度达10 km/h以上时候,若车门未闭锁,不需要驾驶员操纵,门锁控制器将自动关闭。每个门可单独进行门锁。车速感应式中控门锁系统电路如图6-8所示。

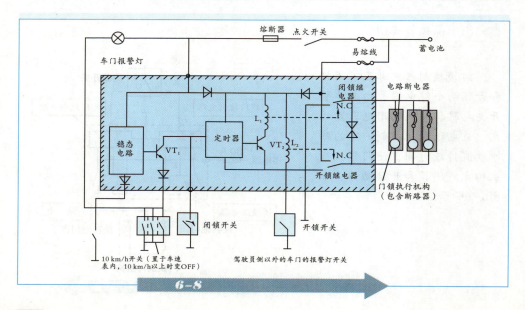

6-8

3. 执行机构

汽车电子门锁的执行机构一般采用电磁铁或微型电动机控制。

（1）电磁铁式自动车门锁

这种汽车电控门锁的开启和锁闭均由电磁铁驱动，其结构如图6-9所示。它内设两个线圈，分别用来开启、锁闭门锁。门锁集中操作按钮平时处于中间位置，用手按压即可开启或锁闭车门。

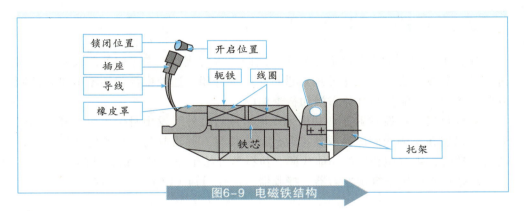

图6-9 电磁铁结构

（2）电动机式自动车门锁

电动机式自动车门锁由可逆式电动机、传动装置及锁体总成构成。自动车门锁的工作原理：由电动机带动齿轮齿条或螺杆螺母进而驱动锁体总成，驱动车门的闭锁或开启。电动机式自动车门锁传动装置如图6-10所示。

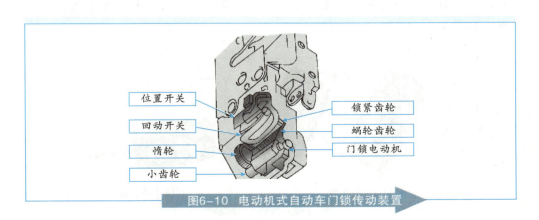

图6-10 电动机式自动车门锁传动装置

对于门锁电动机故障，可参见图6-11来检查或更换门锁电动机。

中控门锁一般采用永磁电动机（双向），若电动机内部短路或断路，电动机就不能工作，门锁就不能打开。

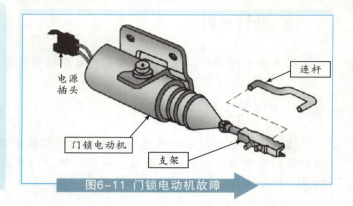

图6-11 门锁电动机故障

四、汽车遥控中控门锁的组成

遥控中控门锁就是利用遥控器在一定距离内完成对汽车车门开闭装置执行器进行遥控装置，在远离汽车的地方进行车门的开闭。遥控中控门锁不但可以控制驾驶员车门，还能控制其他车门和行李厢门。

驾驶员操纵遥控发射器，利用无线电波或者红外线发出身份密码（开、闭代码），设置在车辆两侧的接收器接收到遥控信号，并将其与身份鉴定代码对比，两者一致时，则按照相应的功能代码，执行器开始工作，以便执行开闭功能。

遥控中控门锁系统由发射器、接收器、遥控门锁（ECU）等组成。

1. 发射器

发射器也称遥控器，其作用是利用发射开关发射规定代码的无线遥控信号，控制驾驶员侧车门、其他车门、行李舱门等的开启和锁闭，且具有寻车功能。发射器分为组合型（发射器与点火钥匙合二为一）和分开型两种，如图6-12所示。

图6-12 发射器

2. 接收器

接收器对接收到的信号进行放大和调制，检查身份鉴定代码是否相符，当代码一致时，判别功能代码，并驱动相应的执行器。现代汽车广泛采用红外线式接收器和无线电波式接收器。

五、中控门锁的故障诊断与排除

对于中控门锁的故障，通常按表6-1所列的内容进行诊断与排除。

表6-1 中控门锁系统典型故障诊断与排除

故障现象	可能原因	排除方法
一个门锁不工作	·门闩或连杆障碍； ·电路断路或短路； ·执行器故障	·将润滑剂注入开启的门闩反复手动操作10次，检查弹簧锁及所有的连杆周围有无干涉； ·检查执行器连接器、操纵开关各挡上的电压，按要求修电路； ·检查执行器，按要求更换。
所有的门锁都不工作	·电路断电器故障； ·电路断路或短路； ·继电器没有搭铁； ·开关故障； ·搭铁电路断路	·检查电路断电器，按要求更换； ·检查电路断电器与门锁开关之间的导线和连接点，按要求修； ·检查继电器和支架连接螺钉，按要求紧固； ·检测开关，按要求更换； ·检查左侧开关的搭铁电路，按要求维修
门锁只以一种方式工作	·电路断路或短路； ·继电器故障； ·搭铁电路断路	·检查电路断电器与门锁开关之间的导线和连接点，按要求维修； ·检查继电器，按要求更换； ·检查电路左侧开关的搭铁电路，按要求维修
所有的门锁只按一个开关工作	·电路断路或短路； ·开关故障	·检查电路断电器与不工作开关之间的导线及连接器，按要求修理； ·检测开关，按要求更换
门锁间歇性工作	·连接点松动； ·继电器搭铁不良； ·左手开关搭铁不良； ·开关故障	·检查插接器，按要求紧固； ·检查继电器和支架连接螺钉，按要求紧固； ·检查左侧开关的搭铁电路，按要求维修； ·检测开关，按要求更换
门锁只在发动机运转时工作	·蓄电池电压低； ·连接点松动或被腐蚀	·检测蓄电池，按要求更换； ·检查导线和连接点，按要求维修
在冰冻天气时门锁不工作	·锁闩或连杆障碍； ·锁闩或连杆冻住	·将润滑剂注入开启的锁闩并反复手动操纵10次，检查弹簧锁及所有的连杆有无干涉； ·把车驶入采暖的车库，让门锁系统的冰雪融化后，再验证所有的门锁是否工作

任务二 汽车防盗系统

汽车防盗系统是对无授权进入车内、启动汽车和拆卸防盗系统的企图进行监测，在检测到任何无授权侵入行为时，启动报警系统进行声光报警，并阻止汽车启动。

一、汽车防盗系统的分类

汽车防盗装置按其结构可分三大类：机械式、电子式、网络式。

1. 机械式防盗装置

机械式防盗装置主要是靠锁定离合器、转向盘、变速杆等来达到防盗的目的，它只防盗不报警。常见的结构形式有转向盘锁、变速器锁和轮胎锁。

（1）转向盘锁

转向盘锁是将转向盘与制动踏板连接在一块，或者直接在转向盘上加上限位铁棒使转向盘无法转动。如图6-13所示。

（2）变速器锁

变速器锁通常是在停车后，把换挡杆推回P位或1挡位置，加上变速器锁，使汽车不能换挡。如图6-14所示。

图6-13 转向盘锁

图6-14 变速器锁

(3) 轮胎锁

轮胎锁即用一套锁具把汽车的一个轮胎固定，使之不能转动。这种方法比较麻烦，而且锁具也比较笨重，如图6-15所示。

图6-15 轮胎锁

2. 电子式防盗装置

电子式防盗装置，主要是靠锁定点火或启动来达到防盗的目的，同时具有防盗和声音报警功能。

（1）服务功能

服务功能包括遥控车门、遥控启动、寻车和阻吓等。

（2）警惕提示功能

触发报警记录（提示车辆曾被人打开过车门）。

（3）报警提示功能

在有人动车时发出警报。

（4）防盗功能

当防盗器处于警戒状态时，切断汽车上的启动电路。

3. 网络式防盗装置

该类汽车防盗装置有两种：一种是利用车载台（对讲机）通过中央控制中心进行定位监控；另一种是利用卫星进行定位跟踪（GPS）。这两种防盗系统的技术含量都很高，但必须在没有盲区的网络（包括中国移动（GSM）、中国联通CDMA）支持下才能工作，更主要的是需要政府配合公安部门设立监控中心。

二、汽车防盗系统的组成

汽车防盗系统主要由防盗ECU、感应传感器、门控开关、报警器、警告灯等组成。防盗系统可以通过钥匙锁闭车门、用遥控器锁闭车门、用电子钥匙锁闭车门以及通过隐蔽开关等方式启动,汽车防盗系统部件位置图如图6-16所示。防盗系统电路图如图6-17所示。

启动后,防盗ECU根据车门开关、发动机罩开关、行李厢开关、点火开关和超声波传感器等输入的信号对汽车的不正常状态和非授权侵入进行监测,当判定出现不正常状态或非授权侵入时,ECU将通过控制相应继电器使喇叭和报警器鸣响,使车灯和警告灯闪烁,发出声光报警信号,同时利用防盗继电器中断诸如起动机、电动油泵、点火系统等关键电路,使汽车不能启动。有的还可以由发动机ECU阻止汽车启动。声光信号持续报警时间可以进行预设,一般为1~3 min。

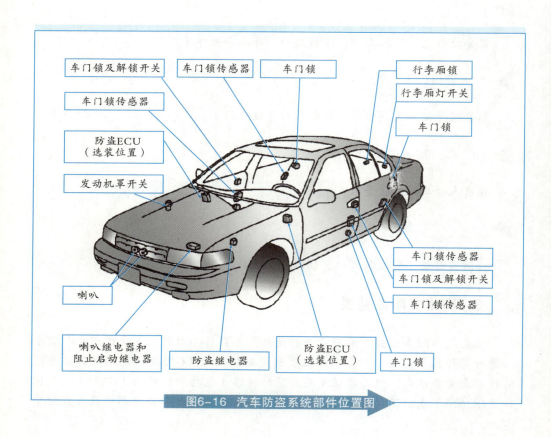

图6-16 汽车防盗系统部件位置图

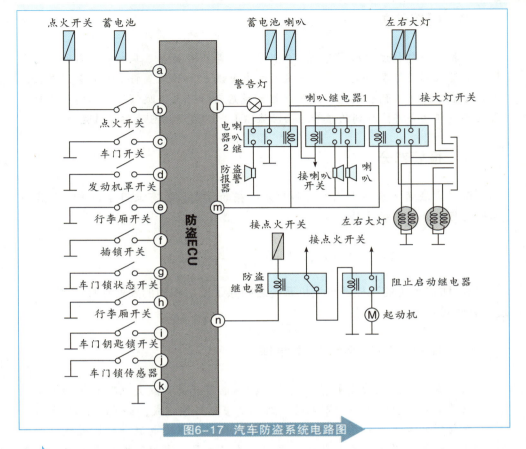

图6-17 汽车防盗系统电路图

1. 防盗ECU

防盗ECU是防盗系统的核心和控制中心,其功能是接收传感器、各种门的开关以及电动机的位置等发送的信号,根据ECU预先存储的数据和编制的程序,通过数学计算和逻辑判断,确定车门是否锁定,车辆是否非法移动、被盗,以便控制各个执行器,从而使汽车处于报警状态。防盗ECU除了具有控制功能外,有的还具有故障自诊断功能。

2. 感应传感器

目前,感应传感器普遍使用的是振荡传感器,它的功能是当防盗系统工作时,振荡传感器检测汽车无异常情况发生。当汽车被移动或车门被打开时,振荡传感器将检测到的信号传送给防盗ECU,防盗ECU根据内部储存的数据进行比较,判断汽车是否正在被盗。如果检测到被盗,那么防盗ECU输出信号,控制报警装置发出声光报警信号,阻止汽车启动,切断燃油供给。

3. 门控开关

门控开关包括发动机罩开关、门开关及行李厢开关等。其功能是当所有的车门、发动机罩及行李厢关闭时，车主通过报警设置/解除装置将所有的车门锁住，汽车防盗系统进入预警状态。汽车防盗系统启动后，当盗贼强行将车门打开时，门控开关部分会将检测到的信号送给防盗ECU，以启动相应的防盗措施。

4. 报警部分

报警方法通常采用喇叭鸣叫和灯光闪亮的方式，也有采用专用喇叭与普通喇叭进行组合的报警方法。

三、汽车防盗系统工作原理

汽车防盗系统的遥控器与主机系统之间除了要用相同的发射和接收频率外，还要有密码才能相互识别。

1. 遥控式防盗系统工作原理

遥控式防盗系统由发射器、接收器、继电器开关、点火电路的控制电路、喇叭报警电路、门锁开关控制电路、灯光报警电路等组成，如图6-18所示。

发射器实际上是一个小小的无线发射电台，可以把电流调制成无线电波发射出去。防盗装置主机首先是一个无线电波接收器，当按下发射器的防盗设定开关后，发射器发出"设定"信号电波，汽车上的防盗系统主机收到"设定"信号后，立即使继电器通电，继电器触点被吸下，开关闭合，接通点火电路的控制电路、门锁开关控制电路和喇叭、灯光报警控制电路的电源，使整机进入警戒状态和关闭门锁。这时如果有人撬动电门锁或有人来推车，防盗装置主机上的感应器就会感应到信号，该信号通过电路的调制，接通继电器触点，报警电路开始工作，发出警报声和闪光，同时锁住点火电路，使汽车无法发动。

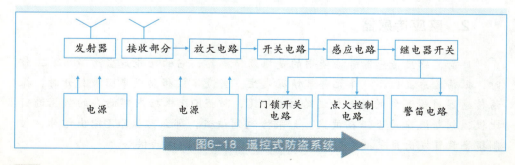

图6-18 遥控式防盗系统

2. 多功能遥控式防盗系统工作原理

多功能遥控式防盗系统分为发射器和接收器两部分，如图6-19所示。发射器由几个不同作用的指令开关电路组成，它们是防盗设定电路，防盗设定解除电路，寻车、超车信号电路，遥控启动电路，然后是汇总的放大电路、音频信号电路、高频振荡电路。其中音频信号部分负责产生"防盗设定"、"解除"等不同内容的不同信号，然后通过放大电路进行放大，由高频振荡电路调制成高频信号，再由发射天线发射出去。接收器部分又分为两部分：一部分根据接收信号内容分为防盗设定电路，寻车、超车信号电路，遥控启动电路，防盗设定解除电路，这些电路对所接收的信号进行处理，然后通过控制电路的继电器开关对有关电路进行控制，使之进入工作状态；另一部分为感应信号接收处理电路与振动信号接收处理电路，对各种不同内容的信号进行接收和处理，然后由它们带动继电器工作，由继电器带动警笛和对点火电路加锁。

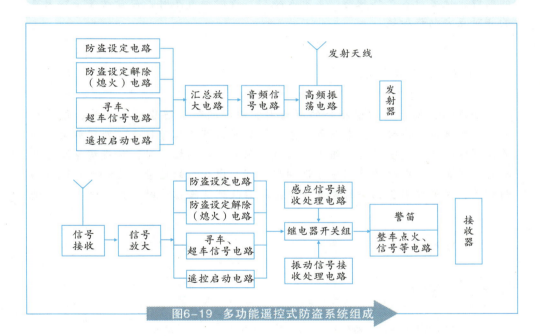

图6-19 多功能遥控式防盗系统组成

（1）防盗设定与解除电路

1）防盗设定电路

防盗设定电路主要由发射器和接收器部分共同完成，发射器部分有防盗设定开关、信号放大电路、低频调制电路、高频振荡电路等。接收部分有信号接收电路、信号处理电路、信号放大电路、开关控制电路、断电器开关等，如图6-20所示。

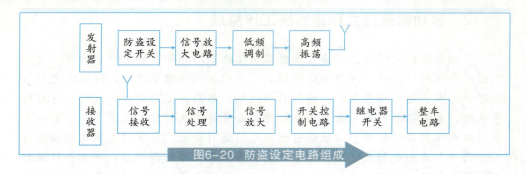

图6-20 防盗设定电路组成

当防盗开关按下时,带动了防盗设定电路工作,经放大、低频调制、高频调制电路后,对外发射电波,发送防盗设定指令。接收器的接收电路收到指令后,信号进入信号处理、放大电路进行处理、放大,然后由控制电路带动继电器开关动作,接通门锁开关控制电路、警戒电路(感应和振动信号)附属电路的电源,使之进入工作状态。当有人撬门窗或触动汽车时,应带动警笛发出声响并对点火电路加锁。

2)防盗设定解除电路

如图6-21所示,防盗指令的解除由发射器的防盗解除信号开关、信号放大、低频调制、高频振荡电路等组成。接收器由解除信号接收、处理放大、开关控制电路及继电器开关等组成。当发射器解除按钮按下时,防盗解除装置电路就开始工作,电路的低频信号调制部分调制出相应的信号,经放大后进行高频振荡,对外发射出指令的电波。当接收器收到解除信号时,就将这个信号进

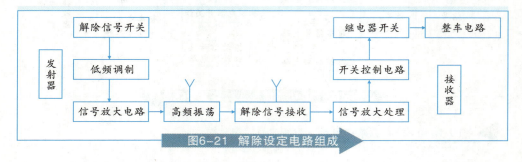

图6-21 解除设定电路组成

(2)寻车、超车启动电路

1)寻车、超车信号电路

寻车、超车信号电路组成如图6-22所示。

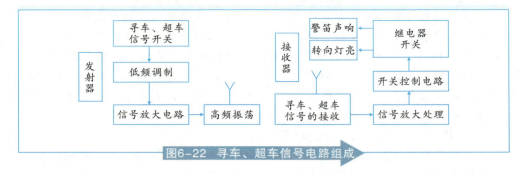

图6-22 寻车、超车信号电路组成

当发射器的寻车、超车按钮按下时,带动了寻车、超车信号电路工作,其发出的超车信号经低频调制、放大后,进入高频振荡电路,调制为高频电波对外发射。接收器收到这个信号时,将信号进行处理、放大后,进入控制电路,带动继电器工作,由继电器带动警笛和灯光工作,通过声响灯光的作用,对其他车辆进行超车提示,或提示该车所处位置让车主及时发现自己的汽车。

2)遥控启动电路

其电路组成如图6-23所示,它包括发射器的遥控启动信号调制、放大及高频振荡电路,接收器的信号接收、处理与放大、控制电路及继电器等。当发射器遥控启动按钮按下时,低频调制部分先调制出相应信号,然后低频电路对其进行放大后进入高频振荡电路,变成变频电波发射出去。接收器收到这个信号后,经过信号处理、放大,将它送到控制电路,由控制电路带动继电器触点开关接通汽车启动电路,将发动机发动。当遥控启动按钮松开时,发射器的信号中止发送,接收器输入端因无信号而中止工作,电启动电路中断。

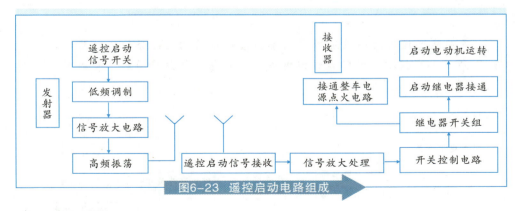

图6-23 遥控启动电路组成

(3)熄火、点火锁住电路

1)遥控熄火电路

遥控熄火电路由发射器的熄火开关、信号放大与调制、高频振荡电路,以及接收器的信号接收、处理、放大、控制电路及继电器等组成。当按下发射器的熄灭按钮后,发射器低频调制部分将其调制成相应的信号,信号进行放大后,经高频振荡成高频电波向外发射熄灭指令。接收器收到信号后,立即对其进行处理、放大后,由控制电路对继电器进行控制,继电器触点开关将点火电路进行短路(或断路),从而达到熄火的目的。

2)熄灭、锁住点火、接通报警电路

该报警电路实际上由防盗设定电路兼任,如图6-24所示。在100 m范围内按下防盗设定按钮,发射器发出的信号被接收器收到时,接收器先接通警戒电路进入警戒状态。由于车辆发动中的振动和人体的感应作用,又使警戒电路工作,锁住点火电路,并使警声大作。

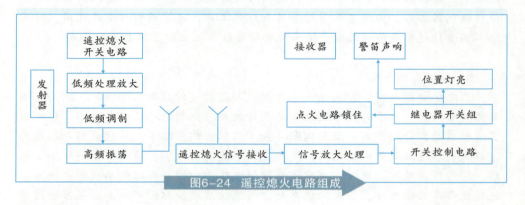

图6-24 遥控熄火电路组成

(4)警戒电路

多功能遥控式防盗系统警戒电路由接收器的相应部分担任,其组成如图6-25所示。当接收器的防盗设定电路将警戒电路电源接通后,警戒电路就进

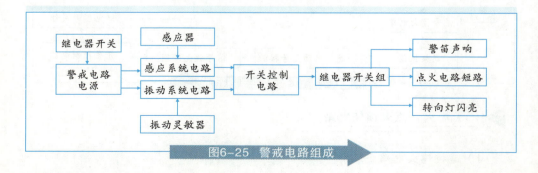

图6-25 警戒电路组成

入警戒状态。它由感应警戒和振动警戒两部分组成，感应警戒部分利用人体感应的电容来破坏原电路中电容电桥的平衡，引起电路振荡，这个振荡信号经放大处理后对控制电路进行触发使其工作，带动继电器使警笛发出声响，同时使点火电路短路（或断路）。振动警戒部分则利用振动破坏原有电阻电桥平衡，引起电流输出，这个电流经放大、处理后对控制电路进行触发，带动了控制电路工作，再由控制电路带动继电器，使警笛发出声响，对点火电

四、汽车防盗系统的检修

以丰田卡罗拉轿车为例进行介绍。

 1. 故障诊断步骤

汽车防盗系统具有自诊断功能，可通过诊断仪读取故障码，诊断步骤如下。

①利用诊断仪检查故障码。记下输出的所有故障码，删除故障码，重新检查故障码，通过模拟故障码所对应的原始症状来尝试触发故障码。

②如果故障码不再出现，则根据故障症状表进行检修；如果故障码再次出现，则根据故障码表进行检修。

 2. 故障码的读取与清除方法

 （1）DTC检查

①将诊断仪连接到DLC3。
②将点火开关置于ON（IG）位置。
③读取诊断仪屏幕上的DTC。

（2）DTC清除

①将诊断仪连接到DLC3。
②将点火开关置于ON（IG）位置。
③按诊断仪屏幕上的提示清除DTC。

 3. 故障症状表

①对防盗系统进行故障排除的前提是门锁控制系统和遥控门锁控制系统工作正常。因此，在对防盗系统进行故障排除之前，首先应确定门锁控制系统和遥控门锁控制系统工作正常。

②在检查表6-2所列可疑部位前，应先检查熔断器和继电器。

143

（3）使用表6-2可帮助诊断故障原因。以递减的顺序表示故障原因的可能性，按顺序检查每个可疑部位，必要时维修或更换有故障的零件或进行调整。

表6-2 故障诊断表

症 状	可疑部位
防盗系统无法设置	检查是否输出防盗警报ECU通信DTC[①]
	安全指示灯电路
	防盗警报ECU电源电路
	解锁警告开关电路[①]
	驾驶员侧车门钥匙锁止/解锁开关
	门控灯开关电路
	发动机盖门控灯开关电路
防盗系统无法设置	更换认证ECU[②]
	防盗警报ECU总成
	对以上部位进行检查并确认正常后，如果故障仍出现，则更换主车ECU(仪表板接线盒)
设置防盗系统时，安全指示灯不闪烁	安全指示灯电路
	防盗警报ECU总成
	对以上部位进行检查并确认正常后，如果故障仍出现，则更换主车ECU(仪表板接线盒)
将点火开关置于"ON"位置时，警报鸣响状态不能取消[①]	点火开关电路
	解锁警告开关电路
	防盗警报ECU总成
	对以上部位进行检查并确认正常后，如果故障仍出现，则更换主车ECU(仪表板接线盒)
将点火开关置于"ON（IG）"位置时，警报鸣响状态不能取消[②]	转至智能上车和启动系统（2ZR-FE）
即便某一车门开启，防盗系统仍可启用	门控灯开关电路
	防盗警报ECU总成
	对以上部位进行检查并确认正常后，如果故障仍出现，则更换主车ECU(仪表板接线盒)
防盗系统报警时，车辆喇叭不鸣响	喇叭电路
	防盗警报ECU总成
	对以上部位进行检查并确认正常后，如果故障仍出现，则更换主车ECU(仪表板接线盒)
防盗系统报警时，危险警告灯不闪烁	线束
	转向信号闪光灯总成
	防盗警报ECU总成
	对以上部位进行检查并确认正常后，如果故障仍出现，则更换主车ECU(仪表板接线盒)

续表

症　状	可疑部位
防盗系统报警时，车内照明灯不点亮	车内照明灯电路
	防盗警报ECU总成
	对以上部位进行检查并确认正常后，如果故障仍出现，则更换主车ECU(仪表板接线盒)
防盗系统报警时，警报喇叭不鸣响	警报喇叭电路
	防盗警报ECU总成
	对以上部位进行检查并确认正常后，如果故障仍出现，则更换主车ECU(仪表板接线盒)
即使没有设置防盗系统，危险警告灯也会闪烁	线束
	转向信号闪光灯总成
	防盗警报ECU总成
	对以上部位进行检查并确认正常后，如果故障仍出现，则更换主车ECU（仪表板接线盒）
即使没有设置防盗系统，车内照明灯也会亮起	车内照明灯电路
	防盗警报ECU总成
	对以上部位进行检查并确认正常后，如果故障仍出现，则更换主车ECU（仪表板接线盒）

注：①不带智能上车和启动系统；②带智能上车和启动系统。

4. 故障码

DTC代码：B1269①。

检测项目：防盗ECU通信中止。

故障部位：线束和连接器，防盗警报ECU总成。

提示：不带智能上车和启动系统。

 课题小结

1. 中控门锁系统一般由门锁开关、门锁控制器和门锁执行机构组成。
2. 中控门锁控制器分为晶体管式门锁控制器、电容式门锁控制器、车速感应式门锁控制器。

 思考与练习

一、填空题

1. 中控门锁系统一般由_____、_____和_____组成。
2. 汽车防盗系统主要由_____、_____、_____、_____、_____等组成。

二、选择题

哪一个不是中控门锁的种类（　　）。
　A. 按键式电子锁　　　　　　B. 拨盘式电子锁
　C. 电子钥匙式电子锁　　　　D. 两级开锁功能

三、问答题

一辆带防盗电喷轿车无法启动，试分析可能造成故障原因，检测步骤？

课题七 汽车视听与通信系统

○ [学习任务]

1. 了解汽车视听系统的组成与特点。
3. 了解汽车导航系统的组成。
4. 了解车用电话的组成。
5. 了解倒车雷达报警系统的组成。

任务一 汽车视听系统

随着数字音响技术的不断发展和人们对舒适性要求的不断提高，汽车视听系统已成为汽车的必选装备，激光唱机取代磁带播放机，成为中高档轿车音响的主流，而更方便的MD和MP3也开始成为汽车音响的选装配置。大中型旅行客车和长途客车上基本都装上了带卡拉OK功能的车载VCD视听系统，而一些高档轿车更是装用了车载DVD视听系统。

一、汽车视听系统的组成

汽车视听系统是在传统的汽车音响的基础上增加了视频信号源（AV功能），即VCD或DVD，同时增加了显示器。汽车视听系统分为四大部分：信号源、放大器、扬声器和显示器（图7-1）。通俗地说是由音频和视频两大部分组成。

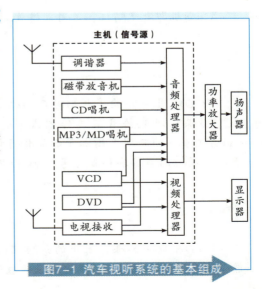

图7-1 汽车视听系统的基本组成

147

1. 主机（信号源）

主机也称信号源，是汽车视听系统的节目源，包括汽车收音机（调谐器）、磁带放音机、CD唱机、车用VCD或DVD等。目前，普通中低档车用视听系统的信号源主要是车用收放音机和VCD，高档汽车视听系统的信号源主要是收放音机、车用DVD，还可以选装MP3和MD唱机。

（1）汽车收音机

一般汽车收音机都设有调幅（AM）和调频（FM）波段，对于手动机械调谐式汽车收音机，FM波段的高放、本振和混频都做在一个铁屏蔽盒里，称为FM高频头，它输出的是10.7 MHz的FM中频信号，而AM波段有关元件都焊接在主电路板上。对于数字调谐式汽车收音机，通常是把AM收音电路和FM收音电路分别做在两个铁屏蔽盒里，输出的就是经过解调的音频信号；还有一些集成度更高的机型，AM和FM处理电路采用单片集成电路，将其做在一个铁屏蔽盒里，作为一个组件，输出就是AM和FM音频信号。

（2）磁带收音机

汽车磁带收音机结构与一般盒式录音机的结构相同，只是没有录音和抹音功能。主要由控制面板、机芯、控制电路和磁带等部分组成。

（3）CD唱机

Cd唱机即激光唱机，是用来播放激光唱片的设备。

（4）VCD

VCD是用来播放采用MPEG-1标准压缩编码的VCD激光影碟的设备。VCD影碟机激光拾音器工作方式同CD唱机一样，机芯是通用的。VCD与CD唱机唯一的不同是增加了数字化音视信号解压缩功能，并分别经D/A转换后输出模拟的声音和图像信号。VCD兼容了CD唱机的功能。

（5）DVD

DVD即数字影碟，采用的是MPEG-2标准压缩编码。DVD解决了VCD图像清晰度不够高的问题，是更高级的激光影碟机。

（6）MD唱机

MD唱机是由SONY公司于1992年正式投放市场的一种音乐储存媒体。MD唱机所采用的压缩算法是ATRAC技术（压缩比为1∶5）。MD唱机又分可录型MD唱机（有磁头和激光头两个头）和单放型MD唱机（只有激光头），是集磁、光、电、机于一体的高科技产品。它既具有CD唱机的音质和长期保存性，又具有卡带的可录可抹性。

MD光碟可以储存74 min（立体声）或148 min（单声道）的音乐节目。

由于MD唱机体积小、可以反复擦录、具有强大的编辑功能，同时具有媲美CD唱机的音质和功能，使得MD唱机成为现代汽车视听系统的选装配置。目前车用MD主要有索尼、健伍等品牌。

（7）MP3

MP3是MPEG-1 Layer 3压缩格式（压缩比为1∶10）的缩写，是数码技术和网络化的产物，同时MP3是一种计算机音频文件格式。它的特点是生成的声音文件音质接近CD唱机，而文件大小却只有其1/10。汽车上一般不单独装用MP3，而是在CD唱机内集成了MP3播放功能，用于播放MP3节目。

2. 功率放大器

功率放大器简称功放，其主要作用是将微弱的音频信号放大，然后推动扬声器足够的功率，发出声音。按功能不同又分为前置放大器、功率放大器和环绕声放大器等类型。

3. 扬声器

扬声器又称为喇叭（如图7-2），它是能把电信号转换成声音的电-声转换器件，是汽车视听系统的终端元件。扬声器的数量、口径和安装位置是决定音响性能的重要因素，为了能欣赏立体声，车内至少需要装用两只扬声器。高档轿车视听系统为了达到车内逼真的移动影院效果，一般在汽车的两侧车门和后部设置多个音箱，具有多声道输出功能。

图7-2 前车门扬声器安装位置

4. 车载显示器

车载显示器是汽车视听系统必不可少的组成之一。车载显示器有彩色显像管式和液晶显示器（LCD）两种，目前，轿车VCD或DVD使用的显示器一般均为液晶超薄显示器，而大型客车一般使用的是电视机。

车载显示器按安装位置分可分为支架式、内藏式、遮阳板式、吸顶式、头枕式、2DIN式6种。如图7-3所示。

（a）支架式显示器　　（b）内藏式显示器　　（c）遮阳板式

（d）吸顶式显示器　　（e）头枕式显示器　　（f）2DIN式显示器

图7-3　显示器

二、汽车视听系统的辅助部件

汽车视听系统除了信号源、功率放大器、扬声器、显示器等主要部件之外，还有一些辅助部件，如天线、电子分音器、均衡器、线束、电容、熔断器等。

1. 收音机天线

汽车天线又称车载天线，一般汽车上的天线用于车上的收音机和电台，可分汽车内置天线和外置天线。收音机天线有柱式天线和玻璃天线两种。

(1) 柱式天线

柱式天线通常设置在前挡泥板车顶等处，长度约1 m。如果从AM发射波长来看，这是不够的，但对于FM发射的波长则是适宜的。

柱式天线分为手动式和自动式两种，自动天线是指天线的长度可以通过电动机带动调节，自动伸缩。

(2) 玻璃天线

玻璃与空气一样，可以看成高频绝缘体。但是，在玻璃前后及周围被车身包围，作为绝缘体面积不够大，所以，天线长度及形状不可能进行单纯理论计算。风窗玻璃从安全视野观点来看最好配置导体，但是自由度大，所以使用后窗玻璃。后窗玻璃的FM用天线形状，由于汽车车身及玻璃形状受到微妙的影响，所以要进行匹配。AM天线通过共用防干扰器发热导线，提高接收灵敏度。后窗玻璃天线如图7-4所示。

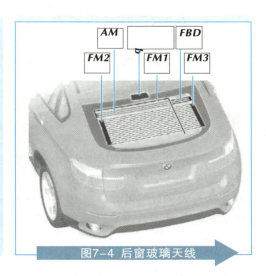

图7-4 后窗玻璃天线

2. 电视（TV）天线

一些汽车装备了电视机，必须安装TV天线。TV天线通常在左、右后翼板上，以接收电视广播信号。TV天线一般为4段伸缩式、伸长和缩短可自动控制。

3. 电子分音器

电子分音器的作用就是切割不同的频段再分别送给功率放大器，保证音源干净、有准备地传输，对各频段能根据需要独立调整。

4. 均衡器

均衡器是频率均衡器的简称，它是一种用来对声音信号的频率响应曲线进行调节的音频信号处理设备，主要对各种声音信号进行提升或衰减。它的频率均衡作用决定着系统和声场的音色，是声音信号处理设备中最重要的专用设备之一。

任务二 汽车通信系统

一、GPS导航系统

1. GPS导航系统组成

GPS（Global Positioning System）导航系统包括三大部分：空间部分、地面控制部分、用户设备部分。

（1）空间部分

空间部分主要指GPS卫星星座。它包括21颗工作卫星和3颗备用卫星，记为（21+3）GPS星座，如图7-5所示。

在地面的GPS用户通过同时接收4颗及以上的卫星信号（图7-6），由接收机中的运算单元计算出使用者目前在地球上的位置、三维速度和当前时间。

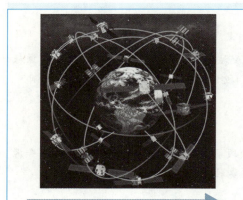

图7-5 GPS卫星分布图

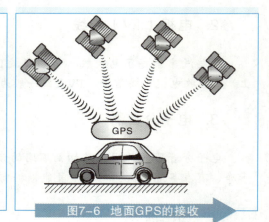

图7-6 地面GPS的接收

（2）地面控制部分

GPS工作卫星的地面控制系统包括一个主控站、3个注入站和5个监测站。

① 主控站：拥有大型电子计算机及数据采集、计算、传输、诊断、编辑等

设备。它具有采集数据、编辑导航电文、控制和协调整个地面支撑系统、调整卫星轨道的功能。

②注入站：接收主控站编辑的卫星电文，并将其注入飞越其上空的各个卫星，然后由GPS卫星发送给广大用户。

③监测站：其主要任务是对每颗卫星进行观测，并向主控站提供观测数据。

▶ （3）用户设备部分

用户设备指GPS信号接收机。

GPS信号接收机的任务：能够捕获到按一定卫星高度截止角所选择的待测卫星的信号，并跟踪这些卫星的运行，对所接收到的GPS信号进行变换、放大和处理，以便测量出GPS信号从卫星到接收机天线的传播时间，解译出GPS卫星所发送的导航电文，实时地计算出测量站的三维位置，甚至三维速度和时间。

2. 车载导航系统的组成及工作原理

▶ （1）车载导航系统的组成

车载导航系统由GPS、主控中心和车载部分等组成，如图7-7所示。

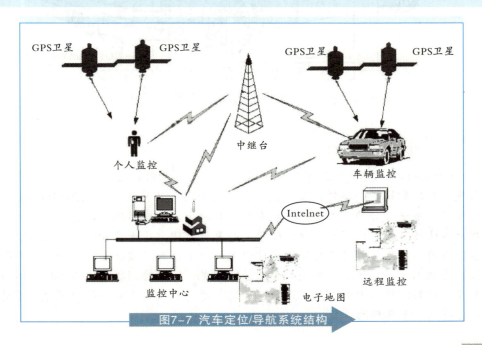

图7-7 汽车定位/导航系统结构

1）主控中心

主控中心由电台、调制解调器、计算机系统和电子地图四部分组成。主控中心的电台用来接收汽车上电台发出的位置信息，同时也可反控汽车。调制解调器负责反控命令和GPS信息的数字/模拟（D/A）转换工作。计算机系统在接收到汽车的位置信息后，进行简单的预处理，然后按事先约定的通信协议，包装该信息并通过RS-232送往工作站。工作站则在矢量电子地图数据上显示汽车的位置，并提供空间查询功能。

2）车载部分

车载部分由GPS接收机、调制解调器及电台组成，有的还包括自律导航装置、车速传感器、陀螺传感器、CD-ROM驱动器、LCD等，如图7-8所示。GPS接收机用于接收GPS发射的信号。调制解调器用来控制GPS接收机的数据采集工作并将数据信息转换成模拟信号后再通过电台发往主控中心。

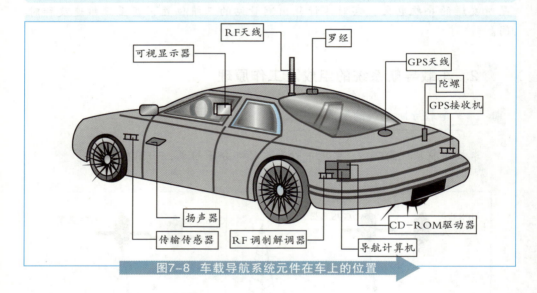

图7-8 车载导航系统元件在车上的位置

（2）汽车导航原理

GPS接收机接收GPS卫星信号，求出当前点的坐标、速度、时间等信息。当汽车行驶到地下、隧道、高层楼群、高速公路等遮掩物而捕获不到GPS卫星信号时，系统可自动进入自律导航系统。此时车速传感器从汽车前进的速度检测出车速脉冲，通过汽车的微处理单元的数据处理，从速度和时间中直接求出前进距离。陀螺传感器直接检测出前进方向的变化和行驶状态，例如，汽车行驶在沟状山道、环状盘形桥上、雪道原地打滑等地段时，所有这些曲线距离与卫星导航的经纬度坐标产生了误差，通过陀螺传感器的检测和微处理器的运算才能得到汽车正确的位置。

由GPS卫星导航和自律导航装置所测到的汽车位置坐标数据、前进的方向都与实际行驶的路线轨迹存在一定误差。为修正这两者的误差，与地图上的路线统一，需采用地图匹配技术，对汽车行驶的路线与电子地图上的道路误差进行实时相关匹配和自动修正。此时地图匹配电路是通过微处理单元的整理程序进行快速处理，得到汽车在电子地图上的正确位置，以指示出正确行驶路线。CD-ROM用于存储道路数据等信息，LCD用于显示导航的相关信息。系统计算机内存储有汽车交通干线、公路地图和城市交通图，并装有1个电视接收机调谐装置。行车前，驾驶员把要去的城市、街道地名等从键盘输入计算机，导向计算机就会借助卫星系统的信号，并根据车速传感器、方向传感器等实测的数据，确定所去地点的方位，标明所去地点的最佳行车路线。驾驶员在行驶过程中可利用车内的显示装置，随时在屏幕上观察到汽车所在地区的地图和汽车在地图上任意时刻的精确位置。显示屏上还不断显示出到达目的地所剩的距离。

3. GPS车载导航系统功能

GPS车载导航系统具有GPS卫星导航定位、电子地图浏览查询、智能的路线规划、全程的语音提示等功能，具体介绍如下。

（1）导航功能

使用者在GPS车载导航系统上任意标注两点后，导航系统便会自动根据当前的位置，为车主设计最佳路线。有些系统还有修改功能，假设用户因为不小心错过路口，没有走GPS车载导航系统推荐的最佳线路，当车辆位置偏离最佳线路轨迹200 m以上，GPS车载导航系统就会根据车辆所处的新位置，重新为用户设计一条回到主航的线路，或是为用户设计一条从新位置到终点的最佳线路。

（2）电子地图

GPS车载导航系统都配备了电子地图，一般覆盖全国的各大省会城市，功能强大的地图系统包含了中小城市，城市数目达到了近400个。可以随时查看目的地城市的交通、建筑等情况。

(3) 转向语音提示功能

如果前方遇到路口或者转弯，系统具有转向语音提示功能。这样可以避免车主走弯路。此外，可以查阅街道及其周围建筑物，甚至可能具有一些城市交通中的单行线、禁左、禁右等路况信息供查阅。

(4) 定位功能

GPS通过接收卫星信号，准确地定出其所在的位置，位置误差小于10 m。如果机器里带地图的话，就可以在地图上相应的位置用一个记号标记出来。同时，GPS还可以显示方向、海拔高度等信息。

(5) 测速功能

通过GPS对卫星信号的接收计算，可以测算出行驶的具体速度，比一般的里程表准确很多。

(6) 显示航迹

如果去一个陌生的地方，GPS带有航迹记录功能，可以记录下用户车辆行驶经过的路线，能达到小于10 m的精度，甚至能显示两个车道的区别。回来时，用户可以启动它的返程功能，让它领着你顺着来时的路线顺利返回。

(7) 信息检索功能

根据情况使用不同的检索功能，快速将待查地点显示在画面上。

(8) 娱乐功能

可以接收电视，播放娱乐光盘等。

二、车用电话

车用电话由天线、无线电台、微处理器控制电路及电话机组成。
车用电话的无线电台负责与汽车电话网的无线电基地局通信，一方面将电话机的声音信号，通过FM调制器调整成载波信号，增幅后从天线发射出去；另一方面将MBS发送出来的FM载波信号，解调增幅送到电话机。无线电台和由微处理器组成的控制电路，具有信道干扰检测、接收级位检测、管理收发呼叫、收发控制管理等功能。车载电话如图7-9所示。车用电话的工作原理框图如图7-10所示。

图7-9 车载电话

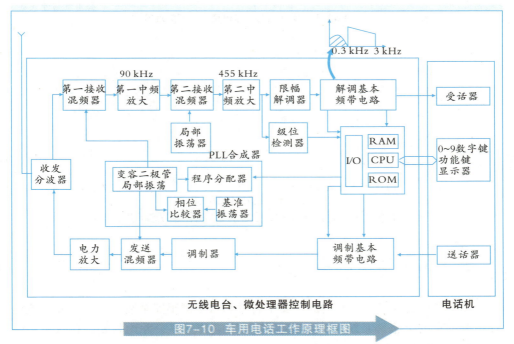

图7-10 车用电话工作原理框图

车用电话网由MBS、无线电回程控制局（MCS）和汽车电话交换局（AMC）组成。MBS通常是一个半径为3~10 km的无线电区域，是直接负责与汽车电话联系的通信设施；MCS是一种中间的管理设施，它按照汽车移动电话通过MBS提出建立无线通信线路的指令，对若干个有关的MBS进行管理；AMC协同MBS建立汽车无线电话之间或汽车电话网与固定电话网之间的连接。固定电话网与汽车电话网之间的连接，如图7-11（a）所示。为了优化资源使用，使无线电波在发射半径内能保持足够强度，且不产生过多的区域重叠或产生区域空隙，各MBS的电波区域按正六边形连接。类似蜂窝状，所以称为蜂窝电话，如图7-11（b）所示。

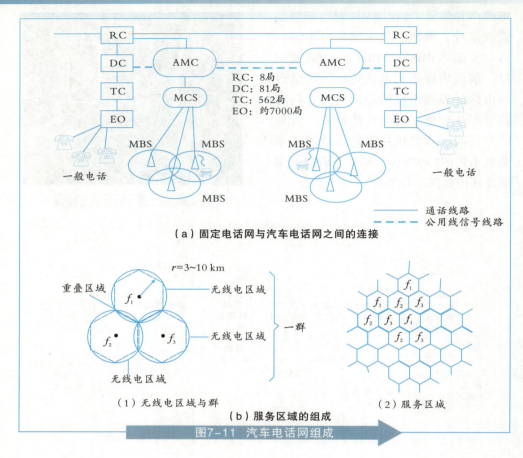

(a) 固定电话网与汽车电话网之间的连接

(1) 无线电区域与群　　　　　　(2) 服务区域

(b) 服务区域的组成

图7-11　汽车电话网组成

三、倒车雷达报警系统

汽车倒车安全装置有声呐倒车安全装置和雷达倒车安全装置。下面介绍奥迪A6轿车倒车安全报警系统。该系统装有4个声呐传感器，并均匀安装在汽车后保险杠未喷漆部位，如图7-12所示。

图7-12　奥迪A6轿车倒车声呐传感器安装位置

1. 声呐传感器安装位置与结构

声呐传感器既是执行元件，也是传感器；既发射信号，也接收信号。ECU向4个声呐传感器中的一个发出命令，该传感器即发出超声波，4个传感器都接收超声波的回波。

在声呐传感器内，回波信号被转换成数字信号，并将其传递到ECU，ECU根据回波的传播时间计算出与障碍物的距离。

声呐传感器由一个无线电收发单元和一个整理器芯片构成，整理器将回波信号转换成数字信号传递给ECU，如图7-13所示。

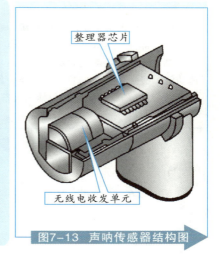

图7-13 声呐传感器结构图

2. 工作过程

当挂上倒挡时，声呐倒车报警系统即开始工作，发出"嘟嘟"的声音表明该系统状态良好。

当车与障碍物相距1.6 m时，可听见间歇警报声。离障碍物越近，声音越急促。如距离小于0.2 m，则连续发出警报声。警报区域如图7-14所示。

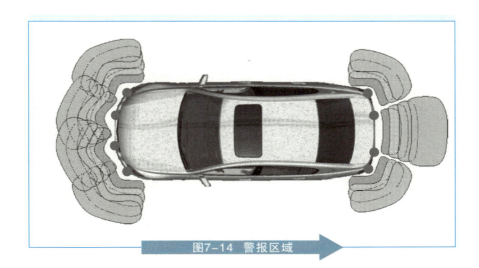

图7-14 警报区域

课题小结

1. 汽车视听系统除了信号源、功率放大器、扬声器、显示器等主要部件之外，还有一些辅助部件，如天线、电子分音器、均衡器、线束、电容、熔断器等。
2. 汽车导航系统的功能：导航功能、电子地图、转向语音提示功能、定位功能、测速功能、显示航迹、信息检索功能、娱乐功能。
3. GPS车载导航系统包括三大部分：空间部分、地面控制部分、用户设备部分。

思考与练习

一、填空题

GPS由＿＿＿＿＿＿、＿＿＿＿＿＿和＿＿＿＿＿＿等3个部分组成。

二、判断题（对的打"√"，错的打"×"）

GPS可对汽车进行运程故障诊断。　　　　　　　　　（　　）

三、问答题

汽车导航系统的功能是什么？

课题八 汽车车载网络系统

○ [学习任务]

1. 掌握汽车的CAN、LIN、MOST的工作原理。
2. 掌握汽车总结系统的检测方法。

○ [技能要求]

能够使用诊断仪对汽车总线进行检测。

任务一 汽车车载网络系统概述

随着汽车技术的不断发展，汽车上采用的电控系统的数量越来越多，多个处理器之间相互连接、协调工作并共享信息构成了汽车车载计算机网络系统，简称车载网络。车载网络运用多路传输技术，采用多条不同速率的总线分别连接不同类型的总线，并使用网关服务器来实现整车的信息共享和网络管理。

主要车载网络的名称、概要、通信速率与组织/推动单位见表8-1。

表8-1 主要车载网络基本情况

车载网络的名称	概 要	通信速率/(Mb·s^{-1})	组织/推动单位
CAN(Controller Area Network)	车身/动力传动系统控制用LAN协议，最有可能成为世界标准的车用LAN协议	1	Robert Bosch 公司(开发)，ISO
VAN(Vehicle Area Network)	车身系统控制用LAN协议，以法国为中心	1	ISO
LIN(Local Interconnect Network)	车身系统控制用LAN协议，液压组件专用	0.02	LIN协议会
IDB-C(ITS Data Bus On CAN)	以CAN为基础的控制用LAN协议	0.25	IDM论坛
TTP/C(Time Triggered Protocol byCAN)	重视安全、按用途分类的控制用LAN协议，时分多路复用(TDMA)	2 25	TIT计算机技术公司

续表

车载网络的名称	概　要	通信速率 /(Mb·s^{-1})	组织／推动单位
TTCAN(Time Triggered CAN)	重视安全、按用途分类的控制用LAN协议，时间同步的CAN	1	Robert Bosch 公司CiA
Byteflight	重视安全、按用途分类的控制用LAN协议，通用时分多路复用(FFDMA)	10	BMW公司
FlexRav	重视安全、按用途分类的控制用LAN协议	5	BMW公司 Daimler Chrysler公司
DDB／Optical(Domestic Digital Bus／Optical)	音频系统通信协议，将DDB作为音频系统总线采用光通信	5.6	C&C公司
MOST(Media Oriented system Transport)	信息系统通信协议，以欧洲为中心，由克莱斯勒与BMW公司推动	22.5	MOST
IEEEl394	信息系统通信协议，有转化成IDB1394的动向	100	1394工业协会

1. 车载网络传输速度的分类

目前，汽车网络标准很多，其侧重功能各不相同。为方便研究和设计应用，SAE（美国机动车工程师协会）将汽车数据传输网分为A、B、C、D类型。

按照系统的复杂程度、信息量、必要的动作响应速度、可靠性要求等，车载网络系统又可以分为低速（A）、中速（B）、高速（C、D）三类，如图8-1所示。

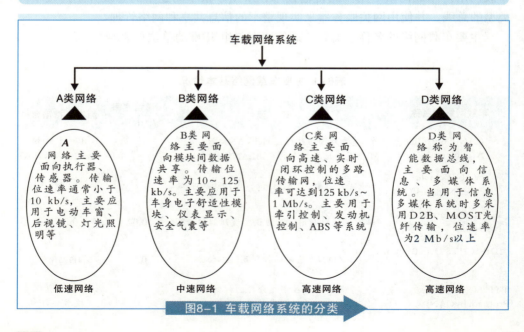

图8-1　车载网络系统的分类

任务二　CAN数据传输系统

一、CAN数据总线

CAN（Controller Area Network）控制单元通过网络进行数据交换。

CAN数据传输系统将传统的多线传输系统改变为双线传输系统。这样一辆汽车不论有多少控制模块，也不管其信息容量有多大，每个控制模块都只需引出两条导线接在两个节点上，这两条导线称为数据总线。数据总线好比一条信息高速公路，信息通过在高速公路上行驶的BUS来传递，所以CAN数据传输系统又称CAN-BUS。如图8-2所示。

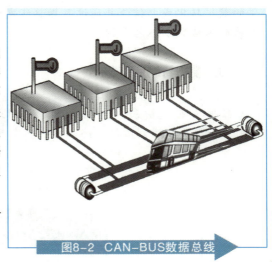

图8-2　CAN-BUS数据总线

二、CAN数据传输系统的组成

CAN数据传输系统由控制器、收发器、数据传输终端和数据传输线等构成，如图8-3所示。

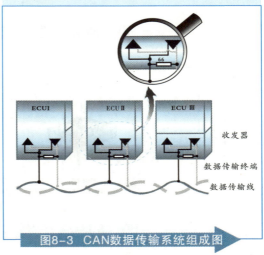

图8-3　CAN数据传输系统组成图

1. CNA控制器

CAN控制器的作用是接收ECU中微处理器发出的数据，处理数据并传送给CAN收发器。同时CAN控制器也接收收发器收到的数据，处理数据并传给微处理器（ECU内部数据的接收、处理及传送）。

CAN控制器的类型有两类：一类是独立的；另一类是和微处理器做在一起。

2. CAN收发器

CAN收发器是一个发送器和接收器的组合（图8-4），它将CAN控制器提供的数据转化成电信号并通过数据总线发送出去，同时，它也接收总线数据，并将数据传到CAN控制器。

3. 数据传递终端

数据传递终端实际是一个电阻，作用是避免数据传输终了反射回来，产生反射波而使数据遭到破坏。终端电阻的布置如图8-5所示。

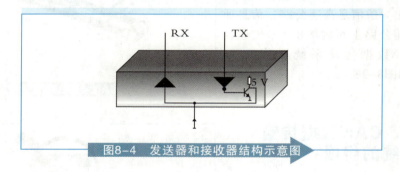

图8-4 发送器和接收器结构示意图

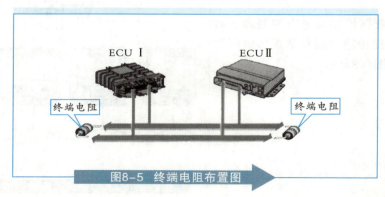

图8-5 终端电阻布置图

4. CAN数据总线

CAN数据总线是用以传输数据的双向数据线，分为CAN高位（CAN-H）和低位（CAN-L）数据线，两线条上的电位和是恒定的，如果一条线的电压是5 V，另一条线就是0 V。数据没有指定接收器，数据通过数据总线发送给各ECU，各ECU接收后进行计算。为了防止和避免外界电磁波的干扰和向外辐射，这两条总线是缠绕在一起的（图8-6）。

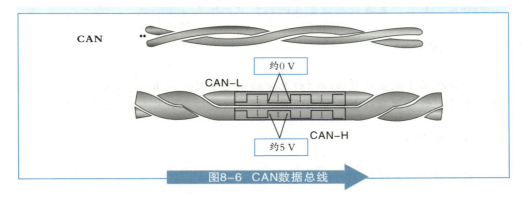

图8-6 CAN数据总线

三、CAN-BUS传递数据结构

CAN-BUS传递的数据由多位构成。在数据中，位数的多少由数据域的大小决定。CAN-BUS在极短的时间里在各控制单元传递数据。每个数据列由一串比特构成，比特数的多少是由数据区域的大小来决定的。因此，CAN-BUS所传输的数据信息是由不同的比特数构成不同的数据列，再由数据列组成信息数据链。一个数据列的形成由7个功能不同的基本区域：起始域、状态域、检查域、数据域、安全域、确认域和结束域来组成，如图8-7所示。

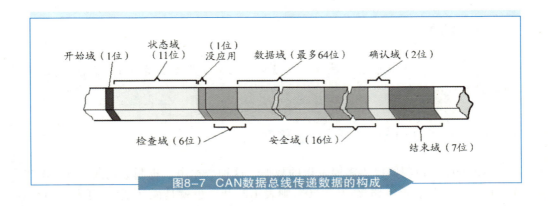

图8-7 CAN数据总线传递数据的构成

1. 起始域

起始域标志着数据列的开始，由1位构成。带有大约5 V电压的1位被送入高位CAN线；带有大约0 V电压的1位被送入低位CAN线。

2. 状态域

状态域判定数据中的优先权，由11位构成。如果两个ECU都要同时发送各自的数据，那么，具有较高优先权的控制单元优先发送。

3. 检查域

检查域用于显示在数据域中所包含的信息项目数，由6位构成。在本部分，允许任何接收器检查是否已经接收到所传递过来的所有信息。

4. 数据域

数据域传给其他ECU的信息，最大由64位构成。

5. 安全域

安全域检测传递数据中的错误，由16位构成。

6. 确认域

确认域由2位构成。在此，CAN接收器信号通知CAN发送器，确认CAN接收器已经收到传输数据。若检查到错误，CAN接收器立即通知CAN发送器，CAN发送器再重新发送一次数据。

7. 结束域

结束域由7位构成，标志数据列的结束。此部分是显示错误并重复发送数据的最后一次机会。

四、CAN数据总线优先级确认

ECU向CAN控制器提供需要发送的数据，这种数据由二进制数构成，即"0"或"1"，"1"表示电路接通，"0"则表示断开。也就是说1位数字可表示两种状态，2位数则可表示4种状态；3位数可表示8种状态，依此类推，最大的数据是64位。

为了避免多个信息在传递时发生冲突，CAN数据总线在同一时刻只允许传递一个数据。数据传递的先后顺序是按数据的优先级别来确定的，具有更高优先级别的数据首先发送，而数据的优先级别是由二进制的11位数值来表示。当多个ECU同时发送数据时，在数据传输线上由左到右对表示优先级别的11位数字，进行逐一的比较。如果一个ECU发送了一个低电位而检测到一个即将接收的高电位，那么，该ECU就停止发送而转变为接收状态；如果一个ECU向外发送高电位，而同时，另一个ECU向外发送低电位，则数据传输线将体现高电位。

例如，发动机ECU要发送的数据为"00101000000"；而自动变速器ECU要发送的数据为"01000100000"；ABS ECU要发送的数据为"00011010000"。那么，数据传输线将如何传递这些数据呢？首先，第一位均为"0"，数据传输线上也体现为"0"；对于3个数据的第二位数字，自动变速器ECU准备向外发送"1"，而发动机ECU和ABS ECU均准备向外发送"0"，因此，自动变速器ECU，发送了一个低电位，而接收一个高电位，那么，自动变速器ECU将失去优先权，而转为接收状态，数据传输线传送"0"；再比较第三位数字，发动机ECU准备向外发送"1"，而ABS ECU准备向外发送"0"，同理，发动机ECU将失去优先权而转为接收状态，数据传输线传输"0"。如图8-8所示。

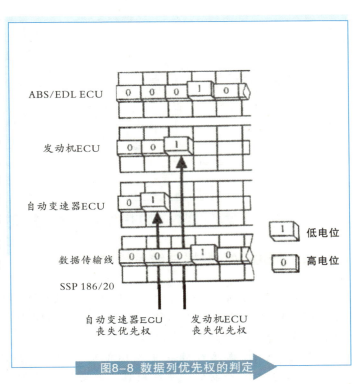

图8-8 数据列优先权的判定

通过比较3个数据的状态域，可以确定ABS ECU具有最高优先权，从而可以接管数据总线的控制权，该优先权保证其持续发送数据直至发送终了。ABS

ECU结束发送数据后，因发动机ECU的优先权高于自动变速器ECU，所以数据总线的发送次序：首先发送ABS ECU数据，然后发送发动机ECU数据，最后发送自动变速器ECU数据。

五、CAN数据总线系统在车上的运用

1. 动力CAN数据总线系统的组成

动力CAN数据总线系统主要由发动ECU、ABS ECU及自动变速器ECU、ESP ECU、安全气囊ECU、组合仪表ECU等组成。

图8-9所示为奥迪A6L动力CAN数据总线组成图。总线可以同时传递10组数据，发动机ECU 5组、ABS ECU 3组和自动变速器ECU 2组。数据总线以500 kb/s速率传递数据，每一数据组传递大约需要0.25 ms，每一个ECU在7~20ms发送一次数据。优先权顺序为ABS ECU→发动机ECU→自动变速器ECU。

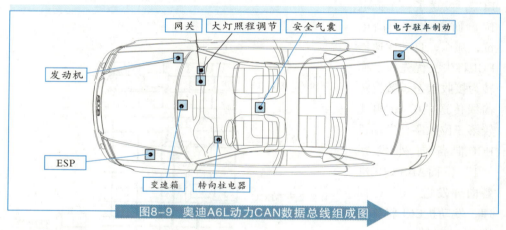

图8-9 奥迪A6L动力CAN数据总线组成图

2. 舒适CAN数据总线系统的组成

舒适系统CAN数据总线的联网ECU包括自动空调ECU、车门ECU、舒适ECU等。ECU通过舒适CAN数据总线的CAN-H线和CAN-L线来进行数据交换，如车门开/关、车内灯开/关等。

舒适CAN数据总线连接中央ECU及4个车门的ECU，共5块ECU。舒适CAN数据传递有5个功能：中央门锁、电动窗、照明开关、后视镜加热及自诊断功能。ECU的各条传输线以星形汇聚一点。因此，如果一个ECU发生故障，其他ECU仍可发送各自的数据。

CAN数据总线使经过车门的导线数量减少,线路变得简单。如果线路中某处出现对地短路、对正极短路或线路间短路,CAN系统会立即转为应急模式运行或转为单线模式运行。4个车门ECU都是由中央ECU控制,只需较少的自诊断线。

数据总线传输的优先权顺序:中央ECU→驾驶员侧车门ECU→前排乘客侧车门ECU→左后车门ECU→右后车门ECU。由于舒适系统中的数据可以用较低的速率传递,所以,发送器性能比动力传动系统发送器的性能低。舒适系统CAN数据总线元件位置如图8-10所示。

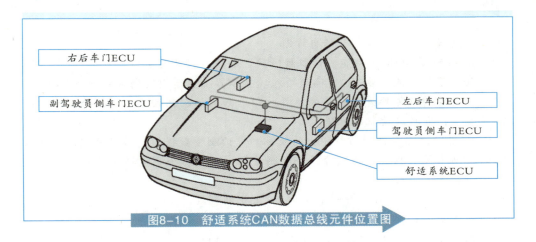

图8-10 舒适系统CAN数据总线元件位置图

六、CAN数据总线系统故障诊断

 1. 动力CAN数据总线系统的故障自诊断

对于动力CAN数据总线系统故障,可通过车载自动诊断系统(OBD-Ⅱ)进行故障自诊断,通过故障码进行逻辑判断。奇瑞A5轿车OBD-Ⅱ诊断座线路如图8-11所示。

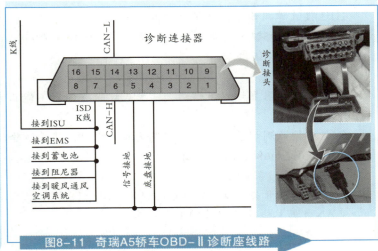

图8-11 奇瑞A5轿车OBD-Ⅱ诊断座线路

2. 舒适CAN数据总线系统的故障自诊断

帕萨特轿车舒适系统装备有故障存储器，自诊断接头位于中央控制台的延伸部分。控制单元J393识别出舒适系统（包括中央门锁系统、防盗报警电动车窗、无线电遥控和后视镜）的故障，并将其储存到存储器中。

利用VAS5051可对舒适系统中央ECU进行执行元件自诊断。

在更换部件之前，清除故障码，执行功能检查，并再次读取故障码。

（1）故障码的读取

①连接故障阅读仪，开始自诊断。

②按下0键和2键（功能"读取故障码"的地址词为02）。

③按下打印键，按下Q键确认输入。显示器上显示出所储存的故障数目。

④存储的故障按先后顺序显示并打印。如果识别到故障，则排除故障，清除故障码，并再次读取故障码。

⑤借助故障表排除所打印出的故障。"读测量数据组"和显示组说明可以作为辅助手段。测量数据组分为15个测量组。对每一个测量区域的划分可以从显示组概述中得到。

⑥如果显示"No fault recognized（未识别到故障）"，则按下一个键，程序回到开始位置。

⑦如果显示其他信息，按下0键和6键结束输出。

⑧关闭点火开关，断开V.A.G1551故障阅读仪的连接。

（2）故障码的清除

①连接故障阅读仪，开始自诊断。

②按下0键和5键（功能"清除故障码"的地址词为05）。

③按下Q键确认输入。

④按下一个键。

⑤如果显示器显示以下信息，"警告故障存储器不能正常工作！"则测试过程出现故障。

⑥严格按照测试步骤进行，首先读取故障码，然后清除故障码。

⑦按下0键和6键，结束输出。

⑧按下Q键，确认输入。

⑨关闭点火开关，断开V.A.G1551故障阅读仪的插头。

CAN数据总线系统故障码见表8-2。

表8-2 故障代码一览表

V.A.G1551打印输出	故障原因	故障排除
00928 驾驶员侧中央门锁锁止 单元F220 信号错误 设备安装错误	①导线或接头故障； ②驾驶员车门中央门锁没有电源； ③锁止机构和工作元件阻塞； ④驾驶员侧中央门锁锁止单元F220故障； ⑤安装了错误的锁止单元	①根据电路图检查导线和接头； ②检查驾驶员门控单元的电源或电源接头； ③检查锁止单元的机构和工作部件，并进行维修； ④更换驾驶员侧中央门锁锁止单元F220； ⑤更换锁止单元
00929 副驾驶员侧中央门 锁锁止单元F221 信号错误	①导线或接头故障； ②车门中央门锁没有电源； ③锁止单元机构和工作部件阻塞； ④副驾驶员侧中央门锁锁止单元F221故障	①根据电路图检查导线和接头； ②检查到副驾驶员侧门控单元或到车门三接头的电源； ③检查锁止单元部件及工作部件，并进行维修； ④更换副驾驶员侧中央门锁锁止单元F221
00930 左后中央门锁锁止 单元F222 信号错误	①导线或接头故障； ②左后车门中央门锁没有电源； ③锁止单元机构和工作部件阻塞； ④左后中央门锁锁止单元F222故障	①根据电路图检查导线和接头； ②检查到左后门控单元或到车门主接头的电源； ③检查锁止单元部件及工作部件，并进行维修； ④更换左后中央门锁锁止单元F222
00931 右后侧中央门锁 锁止单元F223 信号错误	①导线或接头故障； ②右后侧车门中央门锁没有电源； ③锁止单元机构和工作部件阻塞； ④右后乘客侧中央门锁锁止单元F223故障	①根据电路图检查导线和接头； ②检查到右后门控单元或到车门主接头的电源； ③检查锁止单元部件及工作部件，并进行维修； ④更换右后侧中央门锁锁止单元F223
00949 尾门/行李厢盖中央门锁 锁止电动机 未定义的开关位置		
00950 尾门/行李厢盖中央门锁 开锁电动机 未定义的开关位置	①导线或接头故障； ②锁止机构部件阻塞； ③尾门/行李厢盖中央门锁电动机故障	①根据电路图检查导线和接头； ②检查锁止机构部件并进行维修； ③更换损坏的尾门/行李厢盖中央门锁电动机
00951 尾门/行李厢盖释放 继电器J398 对正极短路	①导线或接头故障； ②锁止机构部件阻塞； ③尾门/行李厢盖中央门锁电动机故障 导线或接头故障	①根据电路图检查导线和接头； ②检查锁止机构部件并进行维修； ③更换损坏的尾门/行李厢盖中央门锁电动机 根据电路图检查导线和接头
00952 驾驶员车门开启信号 对正极短路		
00953 内部灯 未定义的开关位置	①内部灯、阅读灯和行李厢等导线或接头故障； ②内部灯故障	①根据电路图检查导线和接头； ②更换内部灯
00955 钥匙1 超过匹配限制	钥匙不匹配，钥匙操作超过200次的系统限制	读测量数据组：显示组013，显示区3

171

续表

V.A.G1551打印输出	故障原因	故障排除
00956 钥匙2 超过匹配限制	钥匙不匹配，钥匙操作超过200次的系统限制	读测量数据组：显示组013，显示区3
00957 钥匙3 超过匹配限制		
00958 钥匙4 超过匹配限制		
00960 驾驶员中央门锁钥匙开关 信号错误 对搭铁短路(如果操作超过5 min，则记录为故障)	①导线或接头故障； ②锁芯阻塞	①读测量数据组：显示组003，显示区1； ②检查锁芯安装； ③按电路图检查导线和接头
00961 前座乘客中央门锁钥匙开关 信号错误 对搭铁短路	①导线或接头故障； ②锁芯阻塞	①读测量数据组：显示组006，显示区1； ②检查锁芯安装； ③按电路图检查导线和接头
01030 驾驶员侧中央门锁钥匙按钮(锁止) 信号错误 对搭铁短路		①读测量数据组：显示组编号003，显示区1； ②检查锁芯安装
01031 驾驶员侧中央门锁钥匙按钮（开锁） 信号错误 对搭铁短路	①导线或接头故障； ②锁芯阻塞	①读测量数据组：显示组编号003，显示区1； ②检查锁芯安装
01032 副驾驶员侧中央门锁钥匙按钮（锁止） 信号错误 对搭铁短路		①读测量数据组：显示组编号006，显示区1； ②检查锁芯安装
01033 副驾驶员侧中央门锁钥匙按钮（开锁） 信号错误 对搭铁短路	①导线或接头故障； ②锁芯阻塞	①读测量数据组：显示组编号006，显示区1； ②检查锁芯安装
01034 驾驶员侧电动车窗热保护激活	导线或接头故障，电动车窗黏滞或阻塞，电动车窗电动机黏滞	读测量数据组：显示组编号003M，显示区2
01035 副驾驶员侧电动车窗热保护激活	导线或接头故障，电动车窗黏滞或阻塞，电动车窗电动机黏滞	读测量数据组：显示组编号003M，显示区2

续表

V.A.G1551打印输出	故障原因	故障排除
01036 左后侧电动车窗热保护激活	导线或接头故障，电动车窗黏滞或阻塞，电动车窗电动机黏滞	读测量数据组：显示组编号008，显示区2
01037 右后侧电动车窗热保护激活		
01038 中央门锁热保护	导线或接头故障，门锁阻塞	读测量数据组：显示组编号014，显示区4
01044 ECU编码错误	①ECU没有按照车辆系统正确地安装； ②所供应的ECU没有经过编程或编程不完全	①更换ECU； ②将所出现的问题通知供应商
01131 转向信号激活对搭铁短路断路/对正极短路	①导线或接头故障； ②转向信号灯故障	①根据电路图检查导线和接头； ②更换转向信号灯
01134 报警喇叭H12未定义的开关位置	①导线或接头故障； ②熔断器故障； ③报警喇叭H12故障	①根据电路图检查导线和接头，执行元件诊断； ②更换熔断器； ③更换报警喇叭H12
01135 内部监控传感器电路断路，传感器损坏	①导线或接头故障； ②内部监控传感器未安装； ③内部监控传感器故障	①根据电路图检查导线和接头，读测量数据组：显示组编号009，显示区4； ②检查安装； ③更换内部监控传感器
01141 行李厢开锁开关E165信号错误	①导线或接头故障； ②行李厢开锁开关E165故障	①根据电路图检查导线和接头； ②更换行李厢开锁开关E165
01179 钥匙编码编码错误	钥匙匹配（功能10）没有正确执行	读测量数据组：显示组013 (匹配钥匙的数量将显示)
01328 舒适系统数据总线	①导线或接头故障； ②ECU故障	①根据电路图检查导线和接头，导线正常，则断开所有的车门电源接头，然后连接，同时观察测量数据组； ②更换导致数据总线阻塞的ECU，读测量数据组：显示组012，显示区1，更换相关的ECU
01329 舒适系统数据总线处于紧急状态下	①舒适系统的中央ECU故障； ②导线或接头故障	①根据电路图检查导线和接头，若导线正常，则断开所有的车门电源接头，然后连接，同时观察测量数据组； ②更换导致数据总线阻塞的ECU，读测量数据组：显示组012，显示区1

续表

V.A.G1551打印输出	故障原因	故障排除
01330 舒适系统的中央ECU 故障 没有通信		更换舒适系统中央ECU，清除故障码，执行功能检查
01331 驾驶员侧门控单元J386 故障 没有通信	驾驶员侧门控单元J386故障	更换驾驶员侧门控单元J386，清除故障码，执行功能检查，读测量数据组：显示组012，显示区2，检查门控单元是否安装
01332 副驾驶员侧门控单元J387故障 没有通信	副驾驶员侧门控单元J387故障	更换副驾驶员侧门拉单元J387，清除故障码，执行功能检查，读测量数据组：显示组012，显示区2，检查门控单元是否安装
01333 左后车门控单元J388 故障 没有通信	左后车门控单元J388故障	更换左后车门控单元J388，清除故障码，执行功能检查，读测量数据组：显示组012，显示区3，检查门控单元是否安装
01334 右后车门控单元J389 故障 没有通信	右后车门控单元J389故障	更换右后车门控单元J389，清除故障码，执行功能检查，读测量数据组：显示组012，显示区3，检查门控单元是否安装
01335 驾驶员座椅/后视镜ECU（功能：ECU存储座椅和后视镜的位置并能复位这些位置） 信号错误 无通信	①导线或接头故障； ②座椅记忆ECU诊断（与车门控单元没有通信）	①根据电路图检查导线和接头，读测量数据组：显示组012，显示区4； ②座椅记忆装备了K线，可使用地址词36进行检查
01358 驾驶侧内部锁止开关E150信号错误 对搭铁短路	导线或接头故障	根据电路图检查导线和接头，读测量数据组：显示组001，显示区2
01359 副驾驶员侧内部锁止开关E198信号错误，对搭铁短路	导线或接头故障	根据电路图检查导线和接头，读测量数据组：显示组005，显示区2
01362 尾门/行李厢盖开锁开关F124信号错误 对搭铁短路	①导线或接头故障； ②锁工作或锁芯机构部件阻塞	①根据电路图检查导线和接头； ②检查锁的工作部件并进行必要的维修，更换锁芯，读测量数据组；显示组010，显示区3
01389 尾门/行李厢盖开锁开关F124信号错误 对搭铁短路		

任务三　LIN数据传输系统

一、LIN数据总线系统的构成

LIN（Local Interconnect Network）是一个汽车底层网络协议。车上各个LIN数据总线系统之间的数据交换是由控制单元通过CAN数据总线实现的。奥迪A6L LIN数据总线组成如图8-12所示。

在车上网络中，LIN处于低端，与CAN以及其他B级或C级网络比较，它的传输速度低、结构简单、价格低廉；在汽车上，与这些网络是互补的关系。由于汽车产品包括部件和整机，对价格和复杂性非常敏感，在汽车网络系统低端使用LIN会显现其必要性和优越性。

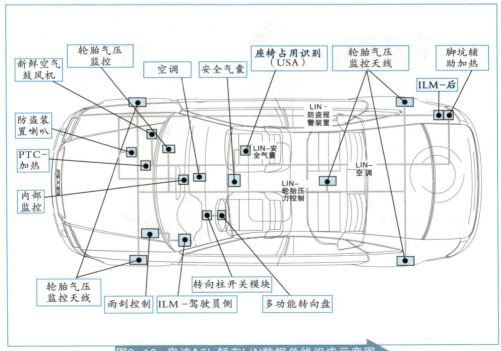

图8-12　奥迪A6L轿车LIN数据总线组成示意图

1. LIN数据总线主控制单元

LIN数据总线主控制单元连接在CAN数据总线上，它执行LIN的主要功能。其作用如下：

① LIN数据总线主控制单元监控数据传递及其速率，发送信息标题。

② 主控制单元的软件内已设定了一个周期，这个周期用于决定何时将哪些信息发送到LIN数据总线上多少次。

③ 该控制单元在LIN数据总线与CAN数据总线之间起沟通作用，它是LIN数据总线系统中唯一与CAN数据总线相连的控制单元。

④ 通过LIN主控制单元进行与之相连的LIN从控制单元的自诊断。

奥迪A6L轿车LIN数据总线内部组成示意图如图8-13所示。其中有两个主控制单元；一个用于空调控制；另一个用于前部车顶模块。

挡风玻璃加热器、新鲜空气鼓风机和两个辅助加热器是空调控制单元中的从控制单元；太阳车顶电动机是车顶模块中的从控制单元。

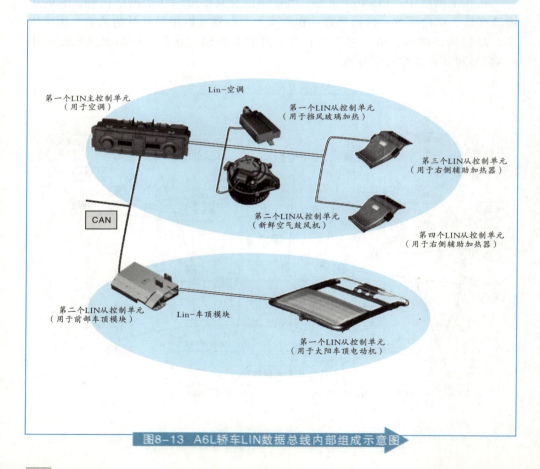

图8-13 A6L轿车LIN数据总线内部组成示意图

课题八 汽车车载网络系统　　任务三 LIN数据传输系统

1. LIN数据总线从控制单元

每个LIN数据总线最多可以连接16个从控制器，从控制器主要是接收或传送与主控制器的查询或指定有关的数据，图8-14所示为奥迪A6L轿车CAN/LIN数据总线与从控制器示意图。

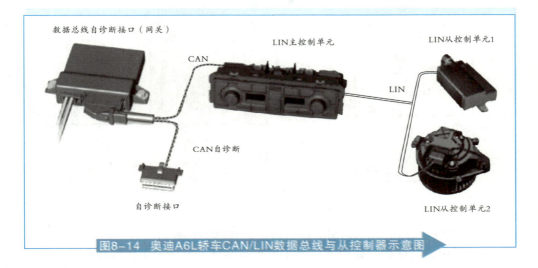

图8-14 奥迪A6L轿车CAN/LIN数据总线与从控制器示意图

二、LIN数据总线的协议

一个LIN网络由一个主节点，一个或多个从节点组成。该通信任务分为发送任务和接收任务；主节点则有一个主发送任务。一个LIN网络上的通信总是由主节点的主发送任务所发起的，主控制单元发送一个起始报文，该起始报文由同步断点、同步字节、消息标识符所组成。相应地接受并且滤除消息标识符后，一个从任务被激活并且开始本消息的应答传输。该应答由2（或4和8）个字节数据和一个校验码所组成，起始报文和应答部分构成一个完整的报文帧。

LIN系统中可以采用多种方式进行数据交换，主要有以下3种：
①由主节点到一个或多个从节点。
②由一个从节点到主节点或其他的从节点。
③通信信号可以在从节点之间传播，而不经过主节点或者通过主节点广播消息到网络中的所有的从节点。

在LIN系统中，加入新节点时，不需要其他从节点做任何软件或硬件的改动。LIN和CAN一样，传送的信息带有一个标识符，它给出的是这个信息的意义或特征，而不是这个信息传送的地址。LIN系统数据总线的电气性能对网络结构有很大的影响。网络节点数不仅受标识符长度的限制，而且受数据总线物理特性的限制。在LIN系统中，建议节点数不要超过16个，否则网络阻抗降低，在最坏工作情况下会发生通信故障。LIN系统每增加一个节点使网络阻抗大约降低3%。

每个节点与数据总线的接口如图8-15所示。电源与LIN数据总线间二极管的作用：当V_{BAT}为低时（本地节点断电或断路等）防止LIN数据总线驱动节点的电源线（这将大大增加数据总线载荷）。

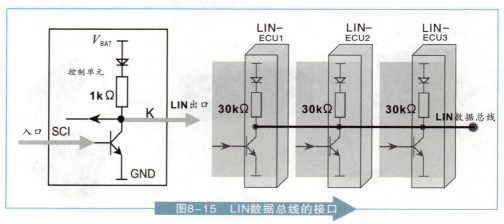

图8-15　LIN数据总线的接口

在示波器上看到的LIN网络线路电压记录如图8-16所示。

LIN系统支持休眠工作模式。当主节点向网络上发送一个休眠命令时，所有节点进入休眠状态，直到被唤醒之前总线上不会有任何活动。这时总线处于隐性状态，节点没有内部活动，驱动器处于接收状态。

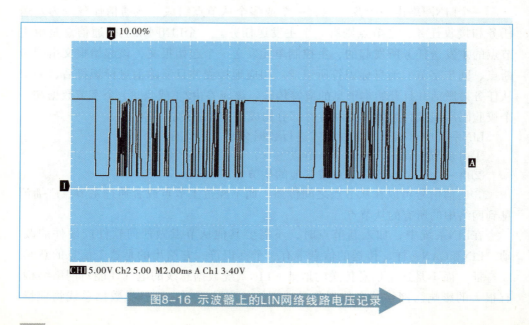

图8-16　示波器上的LIN网络线路电压记录

任务四 MOST数据传输系统

一、MOST数据总线系统概述

MOST（Media Oriented Systems Transport）数据总线是一种用于多媒体数据传送的网络系统。MOST是采用塑料光缆（POF）作为传输介质的网络协议。将音响装置、电视、GPS系统及电话等设备相互连接起来，给用户带来了极大的便利。

MOST网络可以不需要额外的主控计算机系统，结构灵活、性能可靠和易于扩展。MOST网络光纤作为物理层的传输介质，可以接视听设备、通信设备以及信息服务设备。MOST网络支持"即插即用"方式，在网络上可以随时添加和去除设备。

MOST在信息（媒体娱乐）系统应用很广泛，如车载电话、音响多媒体系统等。它对信息系统通信总线的要求：容量大、通信速度非常高。该系统将符合地址的信息传送到某一接收器上，这点与CAN数据总线不同。图8-17所示为奥迪A6L信息及娱乐多媒体服务系统。

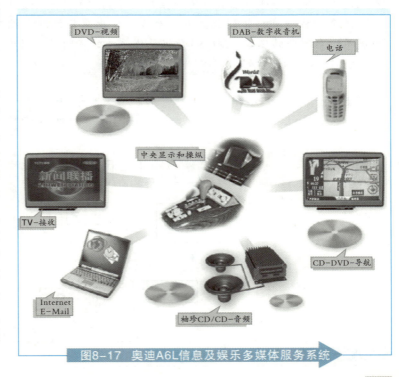

图8-17 奥迪A6L信息及娱乐多媒体服务系统

MOST数据总线允许的传输速率可达21.2 Mb/s，比CAN数据总线系统的传送率高（CAN的最高数据传送率为1 Mb/s），而立体声的数字式电视信号需要约6 Mb/s的传送率。因此，只能用CAN数据总线系统来传送控制信号，如图8-18所示。光学MOST数据总线可以在相关的部件之间以数字的形式交换数据。MOST数据总线除了使用较少导线和质量较小之外，光波传送具有极高的数据传输速率和高级别的抗干扰性能。

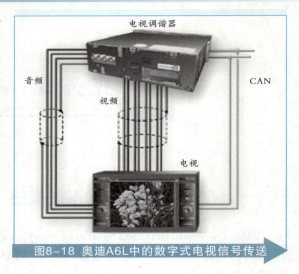

图8-18 奥迪A6L中的数字式电视信号传送

二、MOST数据总线系统结构原理

1. MOST数据总线的环形结构

MOST数据总线系统的显著特点是它的环形结构，如图8-19所示。控制单元通过一根光导纤维把数据传送至环形结构中的下一个控制单元。

这个过程一直持续到数据返回至最初发出数据的那个控制单元。由此，形成了一个闭合的环路。MOST数据总线系统的诊断是借助于数据总线的诊断接口和诊断CAN进行的。

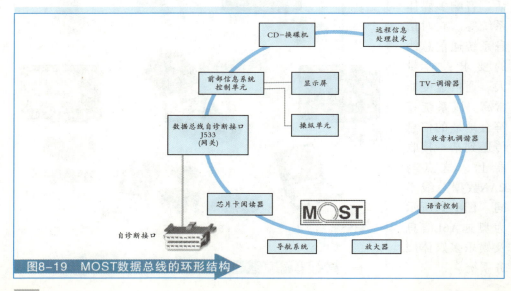

图8-19 MOST数据总线的环形结构

2. MOST的数据类型

MOST是利用一个低价的光纤网络,可以传送下述3种数据,如图8-20所示。

① 同步数据——实时传送音频信号、视频信号等流动型数据。
② 异步数据——传送访问网络及访问数据库等的数据包。
③ 控制数据——传送控制报文及控制整个网络的数据。

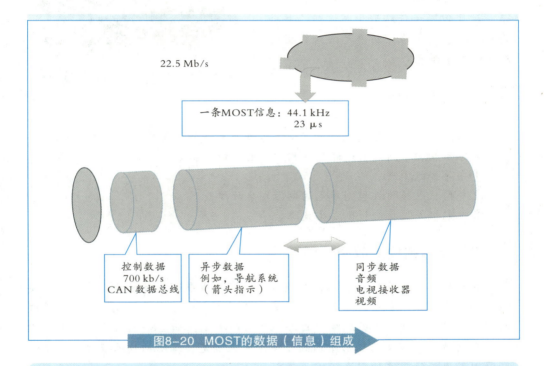

图8-20 MOST的数据(信息)组成

MOST是以近于数字电话交换机等使用的"帧同步传送"技术为基础的,因此,通过简单的硬件就可以实现流动型数据的同步传送,只会产生完全可以预测到的最小限度的滞后。而与此相比,其他的网络协议对流动型数据的处理较为烦琐,在数据的滞后方面还有问题。

从拓扑方式来看,基本上为一个环状拓扑。这种拓扑的优点是:在增加节点时,不需要手柄及开关,而且媒体(光纤)没有集中在某特定装置的附近,可以节省光纤。此外的一个优点是:光纤网络不会受到电磁辐射干扰与搭铁环的影响。

MOST利用一根光纤，最多可以同时传送15个频道的CD质量的非压缩音频数据。在一个局域网上，最多可以连接64个节点（装置）。

三、MOST数据总线系统的故障诊断

1. 诊断管理器

除系统管理器外，MOST数据总线还有一个诊断管理器（奥迪A6L上是数据总线诊断接口J533），如图8-21所示。该管理器执行环形中断诊断，并会将MOST总线上的控制单元诊断数据传给诊断控制单元。

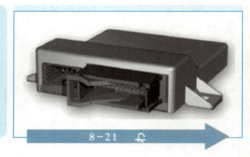

2. 系统故障

由于采用了环形结构，MOST数据总线上某一个位置处数据传送的中断就被称为环形结构中断。引起环形结构中断的可能原因如下：
① 光导纤维中断。
② 发射机或接收机控制单元的电源发生故障。
③ 发射机或接收机控制发生故障。

3. 环形结构的故障诊断

由于环形结构中断，就不能在MOST数据总线中进行数据传送，所以，要借助于诊断导线来执行环形结构的故障诊断。可以通过中央接线连接装置将诊断导线连接至MOST数据总线中的每一个控制单元，如图8-22所示。环形结构中的中断位置必须执行环形结构的故障诊断来确定，环形结构的故障诊断是诊断管理器执行的最终控制诊断的一部分。

环形结构中断的后果如下：

① 不能播放音频与视频。
② 不能用多媒体操作单元进行控制和调整。
③ 诊断管理器的故障存储器中存储故障信息（光导数据总线中断）。

启动环形结构的故障诊断后，诊断管理通过向每个控制单元传送一个脉冲。这个脉冲使得所有控制单元借助于它们在FOT中的传送单元传送光信号。在此过程中，所有控制单元检查：它们的电源和内部的电气功能；接收来自环形结构中前一个控制单元的光信号。

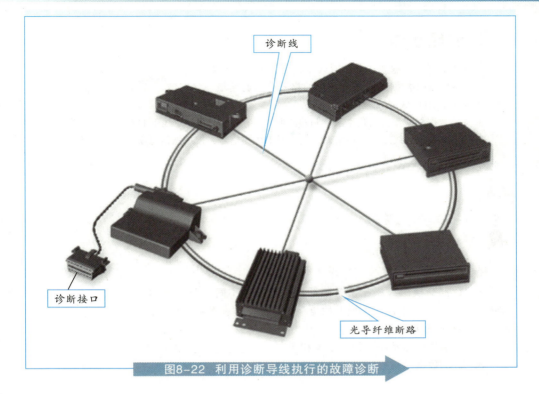

图8-22 利用诊断导线执行的故障诊断

每一个MOST数据总线的控制单元在软件规定的时间长度内做出应答。环状结构故障诊断的开始和控制单元应答的时限使得诊断管理器能够识别出是否已经做出了应答。环形结构故障诊断启动后，MOST数据总线的控制单元传送出两条信息：

①控制单元的电气系统正常，即控制单元的电气功能正常（如电源正常）。

②控制单元的光导系统正常，它的光敏二极管接收到环形结构中前一个控制单元的光信号。

这些信息通知诊断管理器存在以下故障：
①系统中是否存在电气故障（电源故障）。
②哪两个控制单元之间的光学数据传送中断了。

根据检测结果，必须对故障部件进行进一步检测，应先测其供电、接地；如正常，再检查光纤插头是否正常；最后再怀疑控制单元故障。

判定控制单元是否存在故障的方法：利用光学备用控制单元VAS6186来替换出现故障的控制单元，再观察MOST-BUS系统是否恢复正常。若此时系统正常，则表明该控制单元已损坏。

课题小结

1. CAN-BUS数据总线采用双线制，可以消除外界对信息的干扰。
2. CAN-BUS数据总线传递数据的格式分为起始域、状态域、检查域、数据域、安全域、确认域和结束域7个部分。
3. LIN数据总线实行的是主从控制器的形式，它是CAN数据总线下的网络，采用单线制。
4. MOST数据总线用光纤根据光的全反射来传递信号，被用做信息系统，采用环形结构。

思考与练习

一、填空题

1. 数据交换总线根据两条总线线路电平的不同，分别被称为CAN_____线，CAN_____线，两条线上的电平是相反的，一条线上的电压是_____V，则另一条线上的电压是_____V。
2. 车辆的网络系统结构以在车和离车_____为基础。
3. CAN数据传输系统将传统的多线传输系统改变为_____传输系统。

二、选择题

1. CAN是控制单元区域网络的缩写，含义是控制单元通过（　）进行数据交换
   A. 数据线　　　　　　B. 网络　　　　　　C. 电缆

三、简答题

1. 引起汽车多路信息传输系统故障的原因？
2. 简述车载网络的优点？

附录　思考与练习参考答案

课题一　巡航控制系统

一、填空题
1. CSS，巡航行驶装置
2. 操作开关，传感器，执行器，巡航控制ECU
3. 选择巡航控制模式，设置或修改巡航控制车速
4. 真空驱动型，电动机驱动型

二、判断题（对的打"√"，错的打"×"）
1. √；2. √

三、选择题
B

课题二　汽车制动控制系统

一、填空题
1. 三，二
2. 四通道，三通道，二通道，单通道

二、判断题
1. ×；2. ×；3. √；4. ×

三、选择题
1. A，B：2. C，B

课题三　汽车转向控制系统

一、填空题
1. 操纵性，稳定性，横
2. 相反，相同

二、判断题
1. ×；2. ×；3. √

三、选择题
B

四、简答题
答：当发动机工作时，4WS ECU不断接收到各传感器输入信号，并对输入的信息进行分析、处理，计算出适当的后轮转向角，然后将电压输送到后轮转向电动机使后轮转向，并将反馈信号输送到4WS ECU。

课题四 电子悬架

一、判断题
1. √；2. √；3. ×；4. ×；5. √

二、选择题
1. D；2. B；3. A；4. A；5. D

三、问答题
电子控制悬架的传感器及开关有悬架控制开关、制动灯开关、节气门位置传感器、车速传感器、方向盘转角传感器、车身高度传感器。

课题五 汽车安全气囊

一、填空题
1. 黄
2. 电路连接诊断
3. 60、160

二、判断题
1. √；2. ×；3. ×

三、选择题
A

课题六 中控门锁与防盗系统

一、填空题
1. 门锁开关，门锁控制器，门锁执行机构
2. 防盗ECU，感应传感器，门控开关，报警器

二、选择题

D

三、问答题

答：

①首先我们将点火钥匙拨到ON挡，看仪表盘，电池，燃油表，水温表等各仪表指示应正常，油泵工作23 s，防盗系统有无报故障码，若有故障码则检查防盗系统，若正常则进行下一步。

②将点火钥匙拨到STA挡，启动电动机是否转动，若有故障则检查启动系统；发动机是否卡死，若正常则进行下一步。

③连接ECU解码仪至TDCL端子，检查电控系统是否正常，各传感器、执行器、通信线路有无故障，若报有故障码，则按电脑指示检测相关元件；若无故障码，则暂时认为电控系统正常，进行下一步。

④检查点火系统：将点火高压线拔下，离缸体57 mm做跳火试验，应有强烈火花，若无跳火，则检查点火线圈、信号搭铁、点火模块、转速信号NE、凸轮轴信号G、分电器、高压线、火花塞；若正常则进行下一步检查点火系统：将点火高压线拔下，离缸体57 mm做跳火试验，应有强烈火花，若无跳火，则检查点火线圈、信号搭铁、点火模块、转速信号NE、凸轮轴信号G、分电器、高压线、火花塞；若正常则进行下一步。

⑤检查燃油系统：将燃油表串接在油管上，启动发动机，观察燃油表压力值是否在250~300 kPa之间，用示波器或试灯检测有无喷油信号，检测喷油量在15 s内是否在5 060 mL，有无堵塞现象，若正常则进行下一步。

⑥检查进排气系统：进气管；检查进气总管、歧管是否有裂纹，密封不严，检查怠速电磁阀，冷启动调节器，蜗轮增压，曲轴箱强制通风，碳罐电瓷阀，废气再循环系统，排气管是否堵塞，重点检查三元催化器。

⑦检查点火正时是否正确，缸压应不低于1.0 Mpa。

课题七 汽车视听与通信系统

一、填空题

空间部分，地面控制，用户设备部分

二、判断题

×

三、问答题

答：汽车导航系统的功能：导航功能、电子地图、转向语音提示功能、定位功能、测速功能、显示航迹、信息检索功能、娱乐功能。

课题八 汽车车载网络系统

一、填空题

1. 高，低，5，0
2. 通信网络
3. 双线

二、选择题

B

三、问答题

1. 答：
引起汽车多路信息传输系统故障的原因如下：
①汽车电源系统引起的故障。
②汽车多路信息传输系统的链路故障。
③汽车多路信息传输系统的节点故障。

2. 答：
①功能先进。
②能进行远程监控。
③在车与离车都能进行有效通信。
④人车界面独一无二。
⑤使用简单安全，不影响驾驶。

参考文献

［1］柴慧理. 汽车ABS结构与检修[M]. 北京：电子工业出版社，2008.

［2］杨庆彪. 现代轿车全车网络系统原理与维修[M]. 北京：国防工业出版社，2007.

［3］胡思德. 汽车车载网络（VAN/CAN/LIN）技术详解[M]. 北京：机械工业出版社，2006.

［4］张月相，赵英君. 电控汽车ABS培训教程[M]. 哈尔滨：黑龙江科学技术出版社，2006.

［5］张艳丰，孟惠霞. 音响设备及维修实训[M]. 北京：机械工业出版社，2008.

［6］吴文琳，郭力伟. 汽车防盗及中控门锁系统维修方法与实例[M]. 北京：人民邮电出版社，2009.

［7］舒华，姚国平，曹斌. 汽车SRS气囊系统结构原理与故障诊断[M]. 北京：北京理工大学出版社，2001.

［8］张月相，赵英君. 电控汽车安全气囊培训教程[M]. 哈尔滨：黑龙江科学技术出版社，2006.

［9］鲁植雄，赵兰英. 汽车多媒体和导航系统结构原理与维修[M]. 南京：江苏科学技术出版社，2007.

［10］陈勇. 汽车中控门锁及防盗系统结构原理与维修[M]. 南京：江苏科学技术出版社，2008.

［11］吴文琳，吴丽霞. 汽车车载网络系统原理与维修精华[M]. 北京：机械工业出版社，2008.